廣東文化遺產

海上丝绸之路史迹

广东省文物局 编

中山大学出版社

·广州·

版权所有 翻印必究

图书在版编目（CIP）数据

广东文化遗产：海上丝绸之路史迹 / 广东省文物局编. —广州：中山大学出版社，2016.2

ISBN 978-7-306-05599-6

Ⅰ．①广… Ⅱ．①广… Ⅲ．①海上运输－丝绸之路－历史－研究－广东省－古代 Ⅳ．①K296.5

中国版本图书馆CIP数据核字（2016）第019325号

出 版 人：徐 劲
责任编辑：王延红 张红艳
封面设计：谢云居
装帧设计：谢云居
责任校对：向晴云 易建鹏
责任技编：何雅涛
出版发行：中山大学出版社
电　　话：编辑部 020-84111996，84113349，84111997，84110779
　　　　　　发行部 020-84111998，84111981，84111160
地　　址：广州市新港西路135号
邮　　编：510275　　传真：020-84036565
网　　址：http://www.zsup.com.cn　E-mail:@mail.sysu.edu.cn
印 刷 者：广州家联印刷有限公司
规　　格：889mm×1194mm　　1/16　　17.125印张　　324千字
版次印次：2016年2月第1版　2017年6月第2次印刷
定　　价：390.00元

如发现本书因印装质量影响阅读，请与出版社发行部联系调换。

广东文化遗产丛书编委会

主　　任：方健宏
副 主 任：杨伟时　龙家有
主　　编：龙家有
副 主 编：何　斌
编　　委：颜永树　刘丽团　邹伟初　胡　钰　张晓斌　程国锋
　　　　　王成晖　冯桂菊　罗泽平　陈映红

《广东文化遗产——海上丝绸之路史迹》编委会

主　　编：龙家有　郑君雷
编　　辑：张晓斌　金海旺　张　潇　杨荣佳　鲜　晶

序言

海上丝绸之路是人类开发海洋，体现人类开放与包容，促进沿线民族共同发展的经贸之路、文化之路、和平友好之路。2013年10月，国家主席习近平在印度尼西亚提出共同建设"21世纪海上丝绸之路"的构想，随后"一带一路"成为国家战略。

广东省陆地面积约18万平方公里，而海域面积接近42万平方公里，海岸线长达3300公里，居全国之首，拥有得天独厚的优势。广东是我国海上丝绸之路的发祥地，在海上丝绸之路史上占有极为重要的地位。两千年来海上贸易长盛不衰，留下了丰富的海上丝绸之路文化遗存，是海上丝绸之路历史文化资源大省，著名的"南海Ⅰ号"和"南澳Ⅰ号"就是其中的典型代表。

从2014年开始，广东省文物局委托中山大学开展了全省海上丝绸之路史迹的调查和研究，本书的编辑出版，就是此次调查研究工作的初步成果。它初步理清了广东省海上丝绸之路不可移动文物的基本现状，是广东海上丝绸之路文化遗产保护、展示和利用的重要基础性工作，同时，对全省建设"21世纪海上丝绸之路"也具有重要的现实意义：首先，开展海上丝绸之路史迹调查研究工作是落实中共广东省委省政府关于推进"21世纪海上丝绸之路"建设的重要举措，广东是海上丝绸之路历史最长、港口最多、航线最广的省份，区位优势明显，在"21世纪海上丝绸之路"建设中必将发挥桥头堡的作用；其次，开展海上丝绸之路史迹调查是证明我省作为海上丝绸之路遗产大省的基础性工作。广东是南海丝绸之路的发祥地和经久不变的中心地，保留下来的遗迹十分丰富，而此前未进行过系统摸查梳理工作；此外，开展海上丝绸之路史迹调查研究是我省海上丝绸之路申报世界文化遗产工作的前提。作为古代海上丝绸之路的重要节点，广东很多地区保存的海上丝绸之路史迹重要且珍贵，是中国海上丝绸之路申遗不可或缺的组成部分，尤其是广东丰富的水下文化遗产及其构成的航线遗存，将极大增强我国海上丝绸之路文化线路遗产的完整性和丰富性；最后，开展海上丝绸之路史迹调查研究也可以为广东文化强省建设贡献力量，是我省建设海洋文化、提升文化软实力和增强区域综合竞争力的重要举措，其成果可以为历史文化资源的合理开发和利用提供决策依据，带动博物馆事业、文化产业、旅游行业的发展。

本书收录的254处海上丝绸之路史迹是从全省海上丝绸之路史迹调查的598处史迹中精心挑选出来的，涵盖海港设施、文化交流、外销品生产基地、海神信仰建筑、航线遗存5大类13小类，基本代表了我省海上丝绸之路各类史迹的精华。

广东省文物局局长　龙家有
2015年10月

前言

广东省海上丝绸之路史迹的调查、研究与保护

广东是海上丝绸之路（中国段）的发祥地，相关历史文化资源非常丰富，在海上丝绸之路和中外海洋交通贸易史上占有极为重要的地位。总体来说，广东海上丝绸之路史迹具有起始年代早、延续时间长、数量众多、类型丰富、保存较好等特点。

遗憾的是，这笔丰厚的遗产资源尚未进行过系统摸查和梳理，全省范围涉及海上丝绸之路的文化遗产数量、类型、保存状况、展示利用情况等均不清晰，遗产价值没有得到充分发掘，未能充分体现广东作为海上丝绸之路历史文化资源大省的地位。在全省范围开展海上丝绸之路史迹的系统调查和研究，不仅是文化遗产保护、展示和利用的基础性工作，而且对全省建设"21世纪海上丝绸之路"也具有现实意义。

本书以广东省第三次全国文物普查登记的37156处各类不可移动文物为调查和筛选基础，结合现场考察和专家论证，共遴选出海上丝绸之路史迹近600处，从中挑选了254处出版该书，并对广东海上丝绸之路史迹的类型划分、认定标准、时间界限等问题进行初步研究。

2012年11月，国家文物局公布了《中国世界文化遗产预备名单》，广州与广西北海，福建漳州、泉州、福州，浙江宁波，江苏南京、扬州，山东蓬莱等9个城市共同列入"海上丝绸之路"（中国段）候选名单。广东其他地区还有一批重要的海上丝绸之路史迹，目前汕头、江门、阳江、湛江、潮州等城市相继加入到海上丝绸之路申遗行列，并已编制申报材料。申报世界文化遗产是一项复杂的系统工程，开展海上丝绸之路史迹调查研究对广东申报世界文化遗产有着积极意义。

一、广东海上丝绸之路史迹的认定标准和时间界定

19世纪末，德国地理学家李希霍芬将古代陆上的中西贸易通道形象地称为"丝绸之路"。其后法国汉学家沙畹等提出

丝路有海陆两道，海路就自然称为"海上丝绸之路"，日本学者三杉隆敏，中国学者饶宗颐、陈炎等对此也有论述。

本书的"史迹"特指与海上丝绸之路相关的不可移动文物，严格上讲不包括可移动文物（只是在遗址、墓葬中有个别涉及），也不包括非物质文化遗产。此外，历史上岭南地区的行政区划多有变化，本书的调查范围限定在当前的广东省行政辖区内。

目前国内对海上丝绸之路相关文物、史迹的研究不多，且主要集中在对申报世界文化遗产的重点史迹的认定方面，极少见到关于海上丝绸之路史迹认定标准的系统讨论。我们主要是从"性质"和"时间"两方面来界定"海上丝绸之路史迹"。

（一）海上丝绸之路史迹的性质界定

邓炳权在全面梳理相关概念与认识的基础上，提出了较具体系的海上丝绸之路史迹认定标准[①]，为我们的工作提供了重要参考。在实际的具体操作中，我们感觉有些认定标准可以适当放宽。如第三条标准"和平的"、第四条标准"总体上平等互惠的"，较难在文物本身上反映出来；而一些海上丝绸之路史迹并无明确的文献记载，难于在第六条标准"可与文献互证"的层面上落实。

我们认为，所谓"海上丝绸之路史迹"，是指与古代远洋航行有关，并在此过程中发生的贸易往来、文化交流、物产交流、技术交流、宗教和民间信仰传播、政治交往、民族迁徙等活动所遗留下来的历史遗迹。本着"宜宽不宜窄"的原则，我们尽可能将相关史迹收录进来，有些史迹暂时看来与海上丝绸之路的关联似乎不很密切，但是可以为进一步研究和论证提供材料。

（二）广东海上丝绸之路史迹的时间界定

关于海上丝绸之路史迹的时间界定，学术界存在争议。多数学者认为海上丝绸之路开始于秦汉时期，下限至1840年鸦片战争爆发；有些学者则认为时间下限可以延续

[①] 邓炳权认为"海上丝绸之路文物古迹的认定，要同时符合下面几条条件：一、与经常性的远洋航线有关；二、与国际交往有关；三、和平的；四、总体上平等互惠的；五、在当地海上丝绸之路活动时间上下限之内；六、实际存在，包括本体尚存或有遗迹存在的，占有独立地域范围，可与文献互证的不可移动历史文化遗存。同时符合上面几条的，可予认定，列入海上丝绸之路文物古迹初选名单。广州如此，其他地方也是如此。"见邓炳权：《海上丝绸之路与相关文物古迹的认定》，载广州市文化局、广州市文物博物馆学会编《广州文博》第二辑，文物出版社2008年版。

至近现代，上限可以追溯到远古时期。此外，还有学者主张不同地区海上丝绸之路的时间界限存在差别。

2011年8月21日在广州召开"海上丝绸之路史迹与申报世界文化遗产座谈会"，专家发言纪要形成的共识认为，"海上丝绸之路的畅通基于各国的官方保障，因此，起始时间为西汉时（公元前206年—前8年），标志事件是官方使者自广东徐闻、广西合浦出发，经过南海、马六甲海峡，到达印度、斯里兰卡，开通了往东南亚、南亚的南海航线……大航海时代（15—17世纪）到来，殖民贸易发展，取代海上丝绸之路贸易，有两个参照性事件：1600年、1602年，英国和荷兰分别设立东印度贸易公司。"[②]

在这个问题上，邓炳权认为海上丝绸之路"上起秦汉，下限则至鸦片战争时期"[③]；王红光、孙华认为："清代实行闭关锁国政策，再加之西方列强不平等贸易线路延伸至中国沿海，延续近两千年的海上丝绸之路失去了它存在的社会条件，成为了历史的遗迹，成为那个时期历史和文化的见证。"[④]王、孙两位所提到的闭关锁国政策，当是指乾隆二十二年（1757）清政府下令除广州（即广州十三行）外，停止厦门、宁波等港口的对外贸易，也就是所谓的"一口通商"。

海上丝绸之路的下限节点与闭关锁国政策有直接关系。关于"闭关锁国政策"，早在明末倭寇骚扰东南沿海时就已经实行，清王朝入主中原后为避免沿海人民支援台湾郑氏，更是下令"寸板不得下海，片帆不得入口"，并且将沿海居民内迁数百十里。清政府统一台湾后，康熙二十四年（1685）开放海禁，准许澳门、漳州、宁波等四处口岸对外通商。乾隆二十二年（1757）以后因为英国等殖民者对沿海地区的骚扰，下令封闭江浙闽三关，仅保留粤海关一口通商。

上述可知，海上丝绸之路的下限在不同地区是不同的。1757年实行"一口通商"政策后，大多数沿海地区已经无直接对外贸易可言，海上丝绸之路至此中止；而在"一口通商"的广州，海上丝绸之路的下限得以延续至1840年鸦片战争。考虑到广州口岸的经贸活动大致可以辐射广东沿海，所以我们把广东海上丝绸之路的下限设定在1840年。

因海上丝绸之路的历史下限目前在学术界仍未形成广泛共识，本文将广东海上丝

---

② 中国建筑设计研究院历史建筑研究所编：《海上丝绸之路（中国段）申报文本》（征求意见稿），2012年。
③ 邓炳权：《海上丝绸之路与相关文物古迹的认定》，载广州市文化局、广州市文物博物馆学会编《广州文博》第二辑，文物出版社2008年版。
④ 王红光、孙华：《"海上丝绸之路"的遗产构成浅见》，载海南省文化广电出版体育厅、三沙市人民政府编：《南海丝绸之路文化遗产保护研讨会论文集》，2014年版。

绸之路史迹的下限设定在1840年主要是基于开展文物认定工作的必要性，也结合了调查对象的当地实际情况。目前也有观点认为海上丝绸之路的历史下限除考虑国内情况外，也需要综合考虑国际等因素，在各方未达成共识前，可将这一问题暂时搁置，与之相关的文物史迹可先认定为海上丝绸之路史迹。

二、广东海上丝绸之路史迹的类型和特点

关于不可移动文物的分类，《中华人民共和国文物保护法》（以下简称"《文物法》"）划分为古遗址、古墓葬、古建筑、石窟寺及石刻、近现代重要史迹及代表性建筑五大类；根据《第三次全国文物普查工作手册》[⑤]，每一大类下又可以细分为若干小类。文物统计通常主要沿用此分类法。

在中国建筑设计研究院建筑历史研究所整合各地材料编制的《海上丝绸之路（中国段）申报文本》（2012年）（以下简称"《申报文本》"）中，将海上丝绸之路遗存作了如下分类：

本次海上丝绸之路（中国段）预备名单申报的代表性遗存共53处，涉及6省8市。遗存主要包括三类：海港设施（包括海湾、码头、航标建筑、造船场、仓库、祭祀建筑、贸易管理机构、驿站、桥梁、道路、海防设施、商业街等）；外销物品生产基地与设施（瓷窑、丝绸织造工场）；文明及文化交流产物（宗教建筑、外国人聚居区及墓葬区、贸易市场等）。

以上分类主要是基于6省（区）8市53处申遗遗产点的材料，代表着当地海上丝绸之路史迹的精华，未必能够涵盖海上丝绸之路史迹的所有类型，也未必完全符合其他地区的实际情况。而且《申报文本》已经指出，"具有文化线路类型遗产特征的航线遗存（沉船等物证、重要地标等）、相关地理环境要素遗存、非物质文化遗产等，有待根据海上丝绸之路遗产价值研究和价值载体分析进行深化补充。"

沿用《文物法》的分类，无法充分反映广东海上丝绸之路史迹的特征和特色。我们在《申报文本》的分类基础上，根据实际情况，初步将广东省海上丝绸之路史迹划分为海港设施、文化交流、外销物品生产基地、海神信仰建筑和航线遗存五大类，各大类下又细分为若干小类，概括介绍如下。

---

⑤国家文物局编：《第三次全国文物普查工作手册》，文物出版社2007年版。

（一）海港设施（共79处）

第一类"海港码头"。指供船舶停靠、装卸货物和上下客的港口、码头等建筑设施，大多数地处海岸，少数分布在内陆江河沿岸。共收录28处，如广州黄埔古港遗址和南海神庙明清码头遗址、汕头樟林古港、潮州柘林港、佛山民乐窦码头等。

第二类"贸易管理机构及市场"。指沿海各地进行海外贸易活动的管理机构和交易场所。共收录12处，如广州的粤海关旧址、锦纶会馆，雷州的粤海关雷州口部税馆旧址、关部康皇庙，台山上川岛的大洲湾遗址等。著名的广州"十三行"因毁于战火已无迹可寻，甚为可惜。

第三类"海防设施"。海防军事设施在保障社会环境稳定、正常商贸秩序和航行安全上发挥作用，广义上也应该纳入海上丝绸之路史迹的范畴。广东保留下来的海防设施非常丰富，据调查有142处[6]。本书仅收录较典型的27处，如潮州大埕所城、揭阳靖海所城、惠州平海所城、深圳大鹏所城、湛江乐民千户所城等

第四类"其他"。主要包括造船遗址、古道桥梁，以及与航海有关的岩画石刻等。共收录12处，如广州的秦代造船遗址，珠海的宝镜湾岩画和连湾山岩画，与海上丝绸之路接驳的梅关古道、西京古道、南天门古道等。

（二）文化交流（共59处）

第一类"宗教文物"。指与佛教、基督教、伊斯兰教等海外宗教入华传播有关的宗教遗迹。共收录30处，如广州的光孝寺、怀圣寺光塔、海幢寺、小东营清真寺，肇庆的梅庵、崇禧塔、利玛窦仙花寺遗址，江门的灵湖古寺、新地村天主堂遗址等。

第二类"外国人墓葬"。墓主多与宗教活动有关。共收录5处，包括广州的清真先贤古墓、深井外国人公墓、回教坟场，江门的方济各·沙勿略墓园，汕头的郑信衣冠墓。

第三类"舶来品出土遗址与墓葬"。出土各类"海外制品"或"海外风格制品"的遗址和墓葬亦是古代海上丝绸之路的见证。共收录11处，主要集中在汉代番禺（广州）和徐闻两个港口城市，如广州的南越文王墓、南越国宫署遗址，湛江徐闻的华丰岭墓葬、田西村珊瑚石室墓葬、英斐村墓葬，以及湛江遂溪的边湾村波斯银币窖藏等。

---

[6] 广东省文物局编：《广东明清海防遗存调查与研究》，上海古籍出版社2014年版，第25页。

第四类"其他"。主要包括反映宗教传播的石刻碑刻、反映海外移民的宗祠故居、反映物产交流的墓葬等。共收录13处，如东莞的却金亭碑、阳江的春城崆峒岩摩崖石刻、通真岩岩画，湛江的东岭村莫氏宗祠、田头陈氏小宗祠、陈莲峰墓等。

（三）外销品生产基地（共52处）

第一类"窑址"。自唐代开始广东已经出现以烧制外销瓷器为主的窑口，主要分布在沿海和临近江河地带，以便于水路运销。共收录38处，比较著名的有广州西村窑、潮州笔架山潮州窑、江门官冲窑、湛江地区唐至宋元时期的雷州窑外销瓷窑址群（如余下村窑址、茂胆窑址、旧洋窑址）；此外，内陆地区的梅州水车窑和余里窑、惠州东平窑和白马窑、佛山南风古灶和高灶窑址以及东莞松岗碗窑遗址等也大量生产外销瓷。

第二类"其他"。共收录14处，包括三小类：一是冶铁工场遗址，如云浮的铁炉村冶铁遗址、箥渣冶铁遗址、炉下村铁炉遗址；二是采石工场遗址，如梅州五华县的西湖石窟遗址和叶湖石窟遗址，云浮的洪塘采石场遗址；三是制蓝工场遗址，如云浮的龙湾制蓝工场遗址、金河制蓝工场遗址、新榕蓝染遗址等。

（四）海神信仰建筑（共42处）

汉唐以后，广东沿海的海洋航行活动日益频繁。由于海上航行经常遭遇狂风巨浪，人们普遍产生了祈求神灵保佑平安的心理需求，海神信仰便应运而生并传播开来。广东沿海地区的民间信仰多与海洋相关，主要有南海神崇拜、妈祖崇拜、北帝崇拜、南海观音崇拜、冼夫人崇拜等。⑦鉴于北帝、南海观音、冼夫人崇拜比较泛化，本书重点收录与海洋活动最为密切的妈祖崇拜和南海神（也称洪圣）崇拜建筑52处。

这些海神信仰建筑遍布广东沿海与部分内陆地区，最著名的当属广州南海神庙，它是古代皇家祭祀海神的场所；广州南沙天后宫是我国乃至东南亚地区最大的妈祖庙。其他较著名者有汕头升平路天后宫、新围天后宫、妈屿天后古庙，深圳赤湾天后庙、上沙天后宫，珠海淇澳天后宫、白沥岛天后古庙，雷州半岛上的超海宫、夏江天后宫、宁海天后宫等。

---

⑦广东省海洋发展规划研究中心编：《广东海洋发展报告》，广东海燕电子音像出版社2015年版。

（五）航线遗存（共22处）

第一类"航标地标"。指古代船舶航行时用于判断航道方向和界限的标志。此类航标主要是借助陆地上较为醒目的人工建筑，不同于近现代专门设置的专业航行标志。共调查11处，最著名的是明清时期广州珠江航道上的"三支桅杆"——莲花塔、琶洲塔和赤岗塔，还有潮州柘林港的镇风塔、龟塔、蛇塔，其他有阳江独石塔、江门石笋村航海标志、揭阳神泉古庙烟墩遗址和玉华塔等。

第二类"水下沉船"。海上丝绸之路的"南海航线"路途长、支线多，连接的国家地区广阔。广东在"南海航线"上的地位、作用均很突出，遗留下来一批水下堆积遗存，尤其是"南海Ⅰ号"和"南澳Ⅰ号"两处水下遗产，具有鲜明的远洋贸易特征。广东沿海还发现其他一些沉船遗址，有的尚需进一步甄别确定。共收录11处。

三、广东海上丝绸之路史迹的保护管理与合理利用建议

就调查情况而言，广东海上丝绸之路史迹的保护、管理与利用等项工作存在一些问题。

一是保护层级不高。在收录的254处海上丝绸之路史迹中，全国重点文物保护单位24处，约占总数的9%；省级文物保护单位34处，约占总数的13%；市县级文物保护单位73处，约占总数的29%；还有相当一部分仅登记为不可移动文物，还有一部分甚至尚未列入不可移动文物。未列入文物名录的史迹点，长期游离于《文物法》保护之外，容易受到破坏，有的保存状况可以说是岌岌可危。

二是保护力度不够。省级以上文物保护单位的状况相对良好，而市县级文物保护单位和登记不可移动文物保护措施多不健全，甚至没有建立保护措施。一些史迹点地处荒郊野岭，或者无人问津，或者缺乏管理，或者破旧不堪，亟待有关部门重视并加强管理、修缮。

三是资源利用不足。目前部分重点海上丝绸之路史迹点虽然开辟为博物馆、纪念馆或参观点，但整体上尚未形成海上丝绸之路文化遗产的品牌和旅游线路，知名度不高，影响力不足。占大多数的普通史迹点更是鲜为人知，没有利用起来和对外开放。此外，部分史迹点由于产权、交通、可观性等问题，限制了展示利用功能的发挥。

广东海上丝绸之路史迹是宝贵的历史文化财富，是世界海上丝绸之路文化遗产的重要组成部分。按照中央和广东省关于建设"21世纪海上丝绸之路"的重要部署，必须站在战略高度，全面提升广东海上丝绸之路史迹的各项保护、研究和利用工作。

(一)加强广东海上丝绸之路史迹的保护与研究工作

一是进一步加强全省海上丝绸之路史迹的调查、研究与资料汇编工作。深入发掘其历史文化内涵，提升对文化遗产价值的认识，为保护与合理利用创造条件和打好基础。同时针对海上丝绸之路史迹的不同类别开展专题研究、考古调查发掘、勘察测绘等基础工作，形成对文物发展脉络、价值特征和文化内涵的较为全面、系统和清晰的认识，并积极发表或出版相关研究成果。

二是加紧完善海上丝绸之路史迹的保护措施。按照"保护为主、抢救第一、合理利用、加强管理"的文物工作方针，将调查、遴选的重要不可移动文物尽快公布为各级文物保护单位；尚未列入保护名录的文物点要尽早由县级文物主管部门公布为不可移动文物，从法律上赋予其文物身份。在基础工作方面，要加快公布各级文物保护单位的保护范围和建设控制地带，设立文物保护标志牌和说明牌，成立相应的文物保护管理机构，建立永久性的档案资料等。

三是加强文物史迹的维修保养和保护规划编制。对存在安全隐患的各级海上丝绸之路文物史迹要进行全面排查，分清轻重缓急，加快抢修，完善日常保养。同时，对重要的海上丝绸之路文物保护单位，尤其是省级以上文物保护单位，必须由当地政府委托具有相应资质的文物保护工程设计单位，尽快开展文物专项保护规划编制工作，以立法手段保护文物本体及其历史风貌，使文物保护单位的日常保护、安全巡查、开发利用等项工作得以持续开展。

四是发挥科研机构和专家学者的力量，加强对广东海上丝绸之路的科学研究工作。依靠省内高校和科研院所，成立广东省海上丝绸之路史迹保护与研究专家组，为全省海上丝绸之路研究、申遗和保护工作提供专业咨询。同时举办各种海上丝绸之路研讨会，为遗产保护和申遗工作出谋献策。

(二)加强广东海上丝绸之路史迹的管理与利用工作

一是加强对各海上丝绸之路史迹点的保护和利用工作，委托科研单位编制全省海上丝绸之路史迹的保护与利用专项规划。在保护好文化遗产的前提下，合理规划和串联各类史迹，开发广东海上丝绸之路旅游路线，打造经典和精品文化旅游线路。

二是加大投入，建立健全各级政府文物保护工作经费的保障机制，将海上丝绸之路史迹的保护工作经费列入本级财政年度预算，确保各项工作的落实。建议省级财政设立广东海上丝绸之路史迹保护专项经费，用于开展全省海丝申遗和海丝史迹保护、利用与规划等工作。

三是加强对广东海上丝绸之路史迹的宣传推介。组织媒体对广东海上丝绸之路史迹进行系列报道，以广东省博物馆和沿海地市博物馆为依托，组织省内重点博物馆引进和策划海上丝绸之路专题展览，提升公众对广东海上丝绸之路史迹的认识和支持。

（三）推进广东海上丝绸之路重点史迹申报世界文化遗产

一是对广东全省的海上丝绸之路重点史迹进行遴选和论证，提炼出广东省的申报遗产点，并重点对其突出普遍价值进行研究，确保申遗点的真实性、完整性和展示利用的可持续性。发挥广东水下文化遗产丰富的突出特色和优势，重点做好以"南海Ⅰ号"和"南澳Ⅰ号"为代表的航线遗存的申遗工作，这两处水下遗产可以成为目前海上丝绸之路（中国段）预备名单中缺失的"航线遗存"类型的重要补充。

二是加紧编制世界文化遗产申报文本和保护管理规划，提升申遗点的保护级别，完善遗产的保护和管理措施。同时在条件成熟时制订各申遗点的专项保护规划，提升展示与利用水平。明确遗产点的遗产区和缓冲区范围内不得新增明显影响遗产真实性、完整性和破坏环境景观的建筑物，原有不协调建筑物也应该随着申遗工作的推进逐步加以拆除或采取有效整治措施。

中山大学课题组
2015年10月

目录

第一章　海港设施

第一节　海港码头

南海神庙明清码头遗址	2
黄圃古码头遗址及古石径	3
扶胥古运河遗址	4
黄埔古港遗址	4
樟林古港口	5
二桥村遗址	6
墨亭村港头埠	7
后溪水驿渡口遗址	7
娘祠古渡口遗址	8
龙津港海堤遗址	9
民乐窦码头	10
火船头码头	11
潮连码头	12
大澳渔港遗址	13
龙头沙码头遗址	14
赤坎埠码头旧址	14
海安港遗址	15
官寨港口遗址	16
安铺码头遗址	17
营仔码头遗址	18
芷寮港遗址	18
南浦津古埠	19
企水港	19
双溪港	20
柘林港	21
龙须港遗址	22
三百门港口遗址	22
凤岭古港遗址	23

第二节　贸易管理机构和市场

粤海关旧址	24
锦纶会馆	25
赤坎古镇	26
新兴街	27
粤海关雷州口部税馆旧址	28
关部康皇庙	29
麻演村忠勇庙	30
雷州骑楼街	31
蚊洲湾遗址	32
大洲湾遗址	33
增田埠遗址	34
纯洲岛造船湾遗址	35

第三节　海防设施

虎门炮台	36
大鹏所城	38
南头古城	39
东澳岛铳城	40
大莱芜炮台	41
坎下城址	42
崖门炮台	43

紫花岗摩崖石刻、烽火台	44	大潭摩崖石刻	68
乐民千户所城	45	仕尾岭八棱石槽	69
大埕所城	46	龙泉淡水井	70
靖海所城	47	梅关古道	71
赤湾烟墩遗址	48	西京古道	72
总镇府遗址	49	南天门古道	73
蓬州所城遗址	50	风吹岭古道	74
双鱼城遗址	51		
海安千户所城遗址	52		
大山幞烟墩	53		

第二章　文化交流

第一节　宗教文物

海门所城旧址	54	光孝寺	76
平海所城	55	怀圣寺光塔	77
碣石卫城址	56	六榕寺塔	78
观音岭官道遗址	57	三影塔	79
捷胜城墙遗址	58	云龙寺塔	80
北津城遗址	59	南华禅寺	81
海朗守御所遗址	60	梅庵	82
白鸽寨遗址	61	慧光塔	83
康港所城遗址	62	潮州开元寺	84
柘林寨遗址	62	大颠祖师塔	85

第四节　其他

		千佛铁塔	86
秦代造船遗址	63	天宁寺	87
偃波轩古造船厂遗址	64	崇禧塔	88
芷寮船厂遗址	65	葫芦山摩崖石刻	89
宝镜湾岩画	66	国恩寺	90
连湾山岩画	67		

华林寺	91	石墩岭墓葬	114
华林寺祖师墓群	92	天王山墓葬	115
海幢寺	93	桥头凸岭仔墓葬	116
五眼古井	94	田西村珊瑚石室墓	117
濠畔街清真寺	95	英斐村墓葬	118
小东营清真寺	96	东岗岭墓葬	119
聚福古庵	97	新地仔墓葬	120
城西清真寺	98	边湾村波斯银币窖藏	121
城东清真寺	99		
新地村天主堂遗址	100	**第四节　其他**	
灵湖古寺	101	却金亭碑	122
天竺庵碑刻	102	龙龛岩摩崖石刻	123
鼎湖山庆云寺	103	春城崆峒岩摩崖石刻	124
利玛窦仙花寺遗址	104	通真岩岩画	125
肇基堂	105	荣睿纪念碑	126
		峡山石刻	127
第二节　外国人墓葬		黄坡埠头碑刻	128
清真先贤古墓	106	温景泰墓	129
深井外国人公墓	107	陈莲峰墓	130
回教坟场	108	量米岗石棺墓	131
郑信衣冠墓	109	罗芳伯宅	132
方济各·沙勿略墓园	110	东岭村莫氏宗祠	133
		田头陈氏小宗祠	134
第三节　舶来品出土遗址与墓葬			
南越文王墓	111		
南越国宫署遗址	112		
华丰岭墓葬	113		

第三章　外销品生产基地

第一节　窑址

广州地区

西村窑遗址	136
曾边窑址	137
沙边窑遗址	138

佛山地区

高灶窑址	139
南风古灶窑址	140
奇石窑址	141
文头岭窑址	142
瑶头窑址	143

梅州地区

水车窑址	144
瑶上村窑址	145
余里窑址	146

江门地区

官冲窑址	147
涌头岗窑址	148
凤冈窑址	149

湛江地区

余下村窑址	150
茂胆窑址	151
旧洋窑址	152
公益窑址	153
双石西村窑址	154
吉斗村窑址	155
陈高村窑址	156
新仓窑址	157
窑头村窑址	158
龙头沙窑址	159
船渡窑址	160
下山井窑址	161
新埠窑址	162
犀牛地窑址	163

潮州地区

笔架山窑址	164
钵仔山窑址	165
九村窑址	166
麻寮窑址	167

惠州地区

东平窑址	168
白马窑址	169

其他地区

都苗窑址	170
均冲窑址	171

大山脚窑址	172
松岗碗窑遗址	173

第二节　其他

冶铁工场遗址

宝山冶矿遗址	174
簕渣冶铁遗址	174
炉下村铁炉遗址	175
铁场冶铁遗址	176
旧炉督冶铁遗址	177
铁炉村冶铁遗址	178

采石工场遗址

过水塘村采石场遗址	179
西湖石窟遗址	180
叶湖石窟遗址	181
洪塘采石场遗址	181

制蓝工场遗址

龙湾制蓝工场遗址	182
金河制蓝工场遗址	183
豪塘村制蓝工场遗址	183
新榕蓝染遗址	184

第四章　海神信仰建筑

南海神庙	186
淇澳天后宫	188
超海宫	189
夏江天后宫石刻	190
登楼村天后宫	191
沙栏吓天后宫	192
上沙天后宫	193
赤湾天后庙	194
新围天后宫	195
厦岭妈宫	197
升平路天后宫	198
妈屿天后古庙	199
下坔天后宫	200
金山天后宫	201
宫前天后宫	202
深澳天后宫	203
树岗洪圣庙	204
留隍天后圣母宫	205
凤山祖庙	206
甲子天后宫	207
潮连洪圣殿	208
白沙村五海庙	209
墨亭村青山宫	210
宁海天后宫	211
龙湖寨天后宫	212

柘北天后宫	213	独石塔	237
竹园内天后圣庙	214	玉华塔	237
莲溪村洪圣古庙	215	龟塔	238
塘坑天后古庙	216	蛇塔	238
白沥岛天后古庙遗址	217	石笋村航海标志	239
南海圣王庙	218	神泉古庙烟墩遗址	239
周陂天后宫	219		
南湖天后宫	220		

第二节　水下沉船

径西洪圣大王坛	221	南海Ⅰ号	240
圣旨妈祖庙	222	南澳Ⅰ号	242
燕窝洪圣宫	223	南澳Ⅱ号	243
乌猪岛都公庙遗址	224	灯楼角沉船点	244
天等天后宫	225	沙角旋沉船点	244
南山天妃古庙	226	广澳港沉船	245
华清天后宫	227	青澳湾沉船	246
圣姑古庙	228	前锋古沉船遗址	247
附城村天后庙	229	白沙湖沉船	248
		莲头西海湾沉船	248
		公鸡岗沉船	248

第五章　航线遗存

第一节　航标地标

镇海楼	232	**后记**	**249**
莲花塔	233		
琶洲塔	234		
镇风塔	235		
赤岗塔	236		

第一章 海港设施

第一节　海港码头

南海神庙明清码头遗址

遗址位于广州市黄埔区穗东街道庙头社区南海神庙前。

明代古码头　用红砂岩砌筑基石和围边，最南端是埠头，从埠头起是呈龟背型的泥道路，在泥道路的中央有两行红砂岩石铺砌的路面。考古学家认为，这两行红砂岩石铺砌的路面，就是古代的"红地毯"。在码头遗址的南端还清理出7根石柱，它是古代接待官员用的"接官亭"构件。自隋唐起，皇帝每年都要派高官代表他来南海神庙祭海，当地的官员在"接官亭"内举行接旨仪式后就沿着"红地毯"进庙。

明码头遗址

清代古码头　2006年黄埔区为迎接瑞典"哥德堡Ⅲ号"仿古商船重返黄埔，在建设南海神庙前广场时发现。码头用麻石铺砌，共九级亲水台阶，通往庙内的引路铺五板麻石，喻为"九五至尊"。引路的两边留有圆形的"火烧坑"，是昔日信众三更生火烧猪，五更敬神习俗的遗迹。古码头的发现，证明在清代珠江水仍可到"海不扬波"牌坊的前面。以前到南海神庙的人大都在此离船登岸。

清码头遗址

南海神庙明清古码头遗址的发现，为海上丝绸之路的研究提供了重要的实物依据，有助于提升南海神庙的历史文化价值，并极大地提高了广州在南海海上丝绸之路的历史文化地位。

黄圃古码头遗址及古石径

黄圃古码头 位于中山市黄圃镇鳌山村兴东上街二十四巷，始建于宋代，现存台阶石板为明代所建。台阶由花岗岩石条铺设而成，部分台阶有打磨痕迹，榄形条纹有防滑作用。码头为宋代当地人渡海、对外交往的主要交通通道和上落点，是当地历史上重要的水陆交通枢纽和客流、物流集散地。该古码头遗址为中山市现存年代较早的码头遗址之一，是鳌山村聚落与环境变迁的历史见证物。

古石径 建于明代，由古码头遗址石台阶沿饭盖岗拾级而上至山腰，顺坡而下，最后到"北约通津"牌坊前。陡坡路段共分成上三十六级、下三十六级，故称"三十六级"。全长约400米，宽约1.1米。古石径由三块花岗岩条石并排铺砌而成，有部分为横铺的红砂岩或花岗岩条石。部分石面凿有榄形条纹以防滑。古石径是当时村民到黄圃墟的必经之路，故有"过岗"之说。古石径是中山市现存长度最长的花岗岩石板路之一，其年代久远，规模较大，对研究当地村落与环境变迁及村民对外交往历史有较高价值。2012年被公布为广东省文物保护单位。

古码头遗址

古石径

古石径上的凉亭

扶胥古运河遗址

扶胥古运河遗址

位于广州市黄埔区南岗街道南岗头社区东江口至穗东街道庙头社区。运河开凿于12世纪初的南宋,呈东西走向,全长约5公里,主事者为时任广州佥判的邬大昕。工程东自东洲驿,西接波罗庙前的黄木湾,沿规划岸线培土凿石筑堤,形成了瓦窑(今南岗头)至黄木湾的一段运河。因运河流经鹿步圩,又名鹿步滘。运河的开凿为黄木湾的船只提供了避风之处,并使来往于广州至东江沿线各埠的船只避开了狮子洋的风浪,且缩短了航程。该古运河遗址是宋代广州对外贸易兴旺的见证,具有一定的历史价值。1994年被公布为黄埔区文物保护单位。

黄埔古港遗址

位于广州市海珠区琶洲街道石基社区码头路。地处黄埔涌河畔,河面宽阔,对岸连绵的马鞍岗是天然避风屏障,且水域紧靠珠江主航道,却又远离市区,易于管理,在此设港通商确为理想的选择。今黄埔村石基河口一带水域,就是历史上著名的粤海关黄埔税口。自明代始,各地沙田围垦加剧,原为广州外港的扶胥港亦因淤积而失去其本来地位,而琶洲一带遂成浙闽海船之碇泊锚地,黄埔石基河口渐成洋船之锚地。

清康熙二十四年(1685),政府在黄埔设置海关,正式确立黄埔港地位。设在黄埔港的挂号口,简称黄埔口,是粤海关下属的一个税口。在今石基河口,仍有"海傍东约"的古建筑

黄埔古港

黄埔古港遗址石刻

及与别处布局不同的商业街,残存的碑记,洪圣、天后(妈祖)等庙宇亦可为佐证。现码头附近仍可见散落在各处的外国海员、商人的花岗岩墓碑和花岗岩"埠头"碑石。2002年被公布为广州市文物保护单位。

樟林古港口

位于汕头市澄海区东里镇樟林村,东起新兴街,西至蜊墩脚,南至叶厝园,北至天后宫,占地面积约460万平方米。古港于明天启三年(1623)创建商埠。清康熙二十三年(1684)弛海禁,樟林港逐步兴盛,至乾隆、嘉庆年间达到全盛期,形成"八街六社"的格局,号称"粤东通洋总汇",为汕头开埠前粤东第一大港。古港至今仍保存着永定楼、天后宫、风伯庙、新兴街等遗迹,并先后在南洲、和洲出土过远洋红头船残骸,对研究明清时期潮汕的经济贸易情况和移民史、华侨史有重要价值。1984年被公布为澄海县文物保护单位。

樟林古港碑亭

新兴街(正门)

樟林古港出水的红头船船板

樟林古港现状

二桥村遗址

位于湛江市徐闻县南山镇二桥村，占地面积约10万平方米，呈三级台状分布。1993年11月，广东省考古研究所联合相关单位在该村潘家连宅前发掘出一批汉代建筑构件，如"万岁"瓦当、卷云纹瓦当、绳纹乳钉纹板瓦、筒瓦、陶罐、太阳芒纹陶钵等，清理了一口汉井，并采集到龟纽铜印"臣固私印"一方。此外，1974年，村民在遗址附近的毛练村东南300米处开排洪渠时，挖出多件陶器，收集完整器物四件。2003年11月，省考古研究所在二桥村高台进行了探查和探沟发掘，发现了西汉至南北朝时期的铁犁、卷云箭镞纹瓦当、筒瓦等。遗址文化层厚达1.7米，年代跨度为西汉到东汉，出土遗物有官署性质的建筑材料，初步认定此地是汉代徐闻县治和徐闻港所在地。2015年被公布为广东省文物保护单位。

"臣固私印"龟纽铜印

"万岁"瓦当

筒瓦

陶罐

二桥村遗址全貌

墨亭村港头埠

位于雷州市附城镇墨亭村雷城南七里南渡河畔，坐西南向东北，是雷州港的埠头，港水深20米，可泊千吨巨轮。据唐《元和郡县志》记载："县南七里，积货物于此，备其所求，与交易有利"。该埠是雷州古代"海上丝绸之路"的重要港口，是雷州对外商贸的货物集散之地。该遗址对研究雷州古代海上航运及对外商贸史有十分重要的价值。2001年被公布为雷州市文物保护单位。

墨亭村港头埠概貌

后溪水驿渡口遗址

位于汕头市潮阳区棉北街道后溪牛担湾，自唐至民国，此渡口一直是潮阳对外水上交通的主要通道。渡口旁有立于唐元和（806—820）年间的花岗岩碑，高1.05米，宽0.27米，碑文为"后溪水驿渡口，唐元和年立"。渡口范围内还有韩愈渡江亭、怡乐亭、修建后溪文物古迹铭记碑、福德老爷宫和天后古庙等遗迹。古渡旧址于1984年重修，1985年时任潮阳县县长吴至锐题书"后溪古渡"并立碑。后溪古渡口对研究潮阳水上交通具有一定的历史价值，1997年被公布为潮阳县文物保护单位。

"后溪水驿渡口"石碑

后溪水驿渡口遗址

娘祠古渡口遗址

位于潮州市潮安县铁铺镇与官塘镇交界的石丘头村北溪外娘祠前,始建于清代。以前乡人出洋前必于娘祠祈福。渡口坐东北向西南,宽5.8米,长15米,占地面积约87平方米。渡口经重修后为水泥结构,三级台阶,旁边为斜坡。该遗址对当地侨史和海外史研究有一定的参考价值,2006年被公布为潮安县文物保护单位。

古渡口遗址码头

古渡口遗址全景

龙津港海堤遗址

位于汕头市潮阳区城南街道五仙赤产古庙前面。龙津港濒临前溪，因而也称前溪港口，在清代就已存在。该港岸长约600米，港口现已荒废，仅存海堤墙一段，长30米，高1米，墙体由碎瓷及糯米灰浆筑成。港口原有新、老码头和龙井渡头。老码头位于港口西侧，相传明初就有"红头船"在此码头出入载客，通往香港、厦门、上海等地。新码头位于港口中间，西距老码头约200米，1958年前，小汽轮直泊该码头，是棉城通往和平、铜盂、贵屿等地的水上交通口岸。龙井渡头位于港口东侧，西距新码头约100米，潮剧《龙井渡头》即取材于此。1968年前后，因围海造田，前溪变成田园，原港址废，港口外移。该遗址对研究潮阳古代水上运输具有一定的价值。

龙津港海堤遗址全貌

龙津港海堤遗址侧面

民乐窦码头

民乐窦石匾额

民乐窦背面全貌

　　位于佛山市南海区西樵镇民乐圩下北街2号,始筑于明末,清光绪四年(1878)重修。坐西向东。花岗岩石券筑单孔窦闸,长25米,宽约8米,高约10米,内孔宽约3米。东侧有窦门、闸门与官山涌连接,西侧设闸门与内涌相连。基底为红砂岩,红砂岩上为花岗岩,券拱由三层花岗岩构筑而成。东侧拱上嵌有长石匾,竖书阴刻"民乐窦",上下款竖书阴刻"光绪四年岁次戊寅百滘云津两堡绅民重修"。前后有石级路从基面通水岸。此窦以小河上通百滘、云津两堡,下经官山涌和北江水道可达广州和江门。清代至抗日战争前,西樵民乐附近的丝织业一度十分兴旺,塱心产纱、潘家产罗、藻尾产绫、云滘产绸,民乐成了当时广东最大的丝织品集散地。民乐窦内外,船只密集,交易繁忙,满载丝绸的渡轮,从窦外运至广州或江门,通过海上丝绸之路远运到东南亚、印度、中东和欧洲,民乐古窦见证了西樵丝绸业发展的历史沧桑,兴旺时一船丝绸出,一船白银归,窦闸旁的码头曾被誉为"银船码头"。

民乐窦正面全貌

火船头码头

位于梅州市梅县松口镇社区繁荣西路的梅江河北岸，是一处清代火船码头，由旅印尼华侨廖访珠所建。该码头用花岗岩条石和鹅卵石铺砌。原有台阶约50级，后因水位升高，现存36级，总长16米，每级台阶宽0.36米，高0.15米。右侧第14级和21级台阶各设有船栓。码头左侧设有一个约40平方米平台，供客商装卸货物。此码头是韩江水运出海的港口，旧时梅州各县出南洋的华侨都从此码头上小轮船，是粤东各县客家人出南洋的第一站。在鼎盛时期，码头附近拥有1000多家商铺，每天多达300多条船停泊于此，6000多名旅客在这里登船下南洋。

2013年，由联合国教科文组织设立的中国国内唯一的移民纪念项目——中国（梅州）移民纪念广场落户松口镇。

火船头码头

潮连码头

位于江门市蓬江区潮连街道富岗村西江西海水道西南岸。始建于清道光十六年（1836），码头用花岗岩条石修筑为步级状，东西长约144米，南北宽约14.8米，东侧有半圆形平台及小步级台阶。1915年进行加固维修。2000年前后，当地在维修西江堤坝时将部分码头掩埋。潮连码头是连接潮连与岛外各地的重要水路交通设施，规模较大，曾是广东著名的古码头，对于研究江门地区交通史具有一定价值。

潮连码头西北侧局部

潮连码头石级

大澳渔港遗址

位于阳江市阳东县东平镇大澳村中部。据《阳江县志》记载，渔港始建于明嘉靖年间（1522—1566），是海上丝绸之路的补给港，也是商旅集贸港、转运港，清时已发展为海上交易颇为繁华的集镇，"南海Ⅰ号"古沉船就是在其附近海域发现的。大澳渔港旧址坐东南向西北，东北到西南面宽188.53米，西北到东南深147.65米，总占地面积18029平方米。前面是月形大澳港湾，水位较深，建有码头，月形港湾两边建有碉楼与炮台。港口中心建有两排商铺，为竹筒屋，共72间，旧称"十三行尾"。主街由石头铺就，中间建有商会大楼及银库，东北端建有"大澳"牌坊。大澳渔港是阳江六澳之首，为研究海上丝绸之路提供重要的物证，具有重要的历史文化价值。

大澳渔港遗址全景

大澳渔港遗址主街

海港设施

龙头沙码头遗址

龙头沙码头遗址

位于廉江市车板镇龙头沙村，码头设于清代，1976年在原址上修建了一条400米长、东西走向的混凝土结构防浪堤坝。原码头设有一个约100平方米的平台，供客商装卸货物。相传，宋朝时此地就有人居住，清朝时周围各地因到此做买卖而停留的船只排满码头。该遗址对研究廉江古代海路交通有一定的价值。

赤坎埠码头旧址

位于湛江市赤坎区中山街道办民主路西端，始建于明末，民国初期重修。清康熙二十三年（1684）废止"海禁"后，古码头进入兴盛时期，直至光绪二十五年（1899）至民国初期，共10处码头。1号至8号古码头走向为自东北向南，9号和10号古码头走向为自东南向西，由红砖、青石、玄武岩石构筑。最大码头宽为9米，最小宽为2.23米，最大长为93米，最小长为16米，总面积为1214.22平方米。石砌台阶最多有55级，级差0.13至0.15米。5号和6号古码头顶部有石框木柱栅式闸门，高约2.35米、宽约1.3米。5号古码头有水井一口，石砌，圆形，口径1.7米，已废。6号古码头闸门墙壁内有青石碑刻两通。10号古码头出口处有圆井一口，石砌，口径1.2米，水可饮用。该遗址对研究赤坎古商埠的发展和兴衰具有一定的史料价值。

赤坎埠7号古码头旧址全景图

赤坎埠5号古码头旧址全景

赤坎埠6号古码头旧址关楼

海安港遗址

位于湛江市徐闻县海安镇水井社区东南，始建于明洪武年间。港址从海平寺东25米处沿海边延伸至城内东门下，南北总长800米，东西宽160米。遗址原为堵御而筑，岁久崩坏，历代屡有修葺，现存182米石坝，堤段最高处有1.35米，最低处有0.4米，所用石块规格不一。海安港埠现存文物比较丰富，有"制宪禁革陋规示""高州会""遂溪县各属海界碑"等碑刻，以及石柱础、石柱、石湖、上马凳、石招碑座等石刻，海安港在清代已是广东省的七大港之一，在国防上处于重要的地位，在交通、对外贸易等方面也有很大的作用。

海安港遗址石道

海安港遗址全景图　　海安港遗址石碑

官寨港口遗址

位于廉江市高桥镇坡督村洗米河出海口处，面积约1.3万平方米，官寨现又名"红寨"。在河口东侧海湾的北面和东面采集到汉代细方格纹加戳印的陶片等文化遗物可以证明，至迟到汉代，这里已开发。唐、宋的碗、碟、罐、壶、盏等残片也非常丰富。据《读史方舆纪要·零洞水》记载："官寨港在县西南百二十里……近官寨盐场，因名。"可见洗米河东侧港口，古称官寨港。而位于洗米河口东侧海湾北岸正中位置的天后宫（又叫"阿婆庙"）也是重要的佐证。官寨港口在古代海上交通曾具重要作用，是合浦、徐闻两县往来的海上交通枢纽，对研究廉江古代交通有一定价值。

官寨港口

官寨港口遗址岸边天后宫

安铺码头遗址

位于廉江市安铺镇西大社区西街，始建于明正统九年（1444）。安铺河的两岸是九洲江出海口，濒临北部湾。清初，安铺河段设有渡（埠）头两处，后增至四处，面积约500平方米。由于沿海一带常有海盗登陆抢劫，康熙年间，朝廷设水师以捍外，并建成安铺、急水两座炮台，配海耙艇两艘，所以当时的安铺港又是海防的一个点。康熙二十三年（1684）解除海禁后，粤海关在安铺设口岸，开放给中外商人通航贸易，水路运输颇为兴旺。沿海船舶来往于海南、北

安铺码头遗址全景

海、新加坡和越南的海防、西贡等地。内海船溯九洲江而上，可通广西博白、陆川大桥。光绪二十五年（1899），中法签订《广州湾租借条约》后，广州湾成为无关税的自由贸易港，加上抗日战争期间，南京、上海、广州、香港相继沦陷后，广州湾为唯一通商口岸，商贾云集，十分兴旺。由于安铺港接近广州湾，是广州湾从陆路通往大西南的一个歇足站。1944年，日军侵占安铺后，百物腾贵，行商裹足，货物禁运，港口运输衰落。1945年，日本投降后，港口运输逐步恢复。2007年在扩建街道时，临近码头的街道曾挖掘出一条用青砖铺设的道路，两旁设有排水沟。据介绍，这是当年客商上下码头的必经之路。该遗址对研究廉江市古代交通有一定的价值。

安铺码头遗址东岸

营仔码头遗址

位于廉江市营仔镇营圩烟墩村营仔河的北岸,是一处清代码头,占地面积约3000平方米。码头用红砖沿河堤坡度铺砌上落阶梯,供客商装卸货物的平台还在,相传,清朝这里热闹非凡,在此停留的船只排满码头周围。港口为九洲江经营仔河出海口处,两岸相距900米左右,河口主航道宽约180米。1958年九洲江上游修建鹤地水库,下游兴建营仔河闸后,原河道受节制,较大机帆船进出营仔圩要候涨潮通航。该遗址对研究廉江市古代交通有一定的价值。

营仔码头遗址

芷寮港遗址

位于吴川市吴阳镇芷寮中斗门村,为明代遗址。因长期沙泥淤塞,已废。清雍正版《吴川县志》载:"芷寮为海口市泊所集,每岁三月后,福、潮商艘咸泊于此……"清光绪版《吴川县志》又载:"芷寮初属荒郊,居民盖草寮造纸于岭头,人目之曰纸寮。明万历间,闽广商船大集,创铺户百千间,舟岁至数百艘,贩谷米,通洋货。吴川小邑耳,年收税饷万千计,遂为六邑最。"由此可见,"芷寮"乃"纸寮"的演变。明代芷寮是福州、广州、潮州的大商船集散之地,十分繁华,有福州会馆、广州会馆、潮州会馆,还有两街(正街、曲街)、三巷(秀清巷、广成巷、牛儿巷)、六行头(沙螺行、蟹行、谷行、虾蛋行、壳灰行、蕃薯行)。该遗址对研究当地明清商埠发展史有一定价值。

芷寮港全景

南浦津古埠

位于雷州半岛古代航运、贸易中心南渡河下游，是汉至清雷州海上进出的咽喉、雷州半岛海上交通的枢纽和对外贸易的港口。雷州城是雷州政治、经济、文化中心，考古发现雷州城北的通明河与雷州城南的南渡河两岸遗存有南北朝、唐宋时期的古窑址100多座。通明河与南渡河的出口，古称"南浦津"，其方圆三十里皆可泊舟。《读史方舆纪要》载："雷州三面环海，北负高凉，有平田沃壤之利，且风帆易顺，南出琼崖，东通闽浙，亦折冲所也。"陶瓷业的兴旺，给商贸带来发展，南北商贾云集雷州城，给雷州城带来繁荣，成为"海北名邦"。由于古埠所处的双溪港地理位置十分重要，明清两代在此专门布设有炮台。该遗址可为研究海上丝绸之路提供重要实物依据。

南浦津

企水港

位于雷州市企水镇卜袍岭前，是雷州古代对外商贸港口。卜袍岭及附近的谭太岭、英楼岭发现大量的宋至清代陶瓷碎片。在卜袍岭下的海滩曾经挖掘过埋在地下一米深的古船板。明万历欧阳保纂修的《雷州府志》在叙述卜袍岭的"射光岩"时称："传云：昔日番船夜泊，见山石岩中，有神光射天……番商告乡人立祠祀之，名射光岩。"上述的"番船""番商"显指外国商船和商人。企水港的对外贸易史应始于明代以前。该遗址为研究海上丝绸之路提供了重要的实物依据。

企水港

港口旁边的卜袍岭

双溪港

　　位于雷州市南兴镇草洋村前，今南渡河、花桥河交汇处，是雷州海上门户，是清代繁盛商港。康熙年间，在此设立粤海关。八国联军侵占中国后，广州湾为法租界，双溪港由法国当局管辖。清代至民国期间，双溪港贸易发达，常有船只往返于香港、澳门、广州、江门、海口、北海等地。20世纪70年代兴建南渡河大堤，双溪港被围于堤内，遂废。该遗址可为研究海上丝绸之路提供重要的实物依据。

堤内的古港区

堤外古航道上的红树林

柘林港

位于潮州市饶平县柘林湾东部旗头山下,西接西澳岛,出海口小东门与南澳县深澳湾相对,是潮州、饶平历史悠久的商港和渔港。柘林港是古代海上丝绸之路的重要节点,自古有"未有汕头埠,先有柘林港"之称。唐宋至明清,柘林港是潮州对外贸易主要港口和百姓出洋谋生、定居的出入口岸。日本、东南亚地区商船往来"皆泊巨舟于此"。清代海禁解除后,港内常停泊"红头船""大龟船"三四百艘。民国十年(1921),柘林港始有机动客货轮航行于潮州、汕头及粤东沿海港口。柘林港面积约3平方公里,港内水深2~4米,进港航道水深10米以上。柘林港有码头2处,一处在新桥(现鱼露厂旁),另一处在大涵嘴(现木船队前)。1966年围垦柘林围,港内水域减少。随后,在东小门东侧建设渔港码头1处,可停泊小型货轮。

柘林港之一

柘林港之二

龙须港遗址

位于潮州市饶平县钱东镇上浮山村与紫云村交界处。因港口前是青山海湾和黄冈河西溪出口的交汇点，咸、淡水汇合于此，流急潮凶，浪花四溅，形似龙须，故名龙须港。明清时期，由此港水运物甚多，运出有农副产品，运入有食盐、布匹、棉花等日用品。1957年因围海造田，水路不通，该港始废，现存下水渠。该遗址对研究饶平古代水运历史有一定意义。

龙须港遗址水渠

龙须港遗址水渠下段

三百门港口遗址

位于潮州市饶平县海山镇三百门港码头北侧，历来为饶平之出海要地，也是古时汫洲岛与海山岛的海上交通峡口。明万历元年（1573）饶平海上百姓武装首领林凤，为了反抗明朝统治者，决意冲破海禁，到海外开拓实业，在饶平沿海招募志士，从三百门港上船出海，到达南澳屯兵，尔后北上闽、台，南下菲律宾进行了一系列军事活动，最后在菲律宾与当地乙娥罗人通婚，形成了乙娥罗——华族体系。该遗址对研究饶平古代海运的历史，具有一定的价值。

三百门港口遗址海面

三百门港口遗址新建码头

凤岭古港遗址

位于汕头市澄海区莲下镇程洋冈村。为晚唐北宋时期韩江主要对外商贸港口。东依南峙山，北靠凤岭，西有象山、观音山，形成一个弧形的自然港湾，中间有韩江干流——东溪直溯潮州。周边联结至上华镇横陇村，隆都镇前埔村、后埔村一带。有港前船坞与潮洞头内船坞。今程洋冈村前为当年港前船坞，东溪、山尾溪、蓬洞溪交汇处为当年潮洞头内船坞。在虎丘上的凤岭宫始建于唐代，宋代时成为庇佑商贾之庙宇，今仅存残迹。现在凤岭山麓的程洋冈便是当年市集。该港口的兴起和发展，与潮州瓷器的大量外销有着密切关系。20世纪30年代以来，凤岭古港遗址多次出土过大量瓷器。港背有营盘山窑、缶灶山窑等瓷窑，通称程洋冈窑群，与潮州笔架山窑同为宋代姐妹窑。港背的管陇南峙山坳地则为缆绳工场，供远洋艨艟、舶艚船之用。港北面的隆都后埔宋代"三娘寺"遗址发掘出大量宋代瓷器，多为潮州笔架山窑产。在该遗址中还发掘出铜钱1800斤。在清理的15斤铜钱中，除1枚唐开元钱币外，其余都是宋代钱币。南宋以后，由于横陇洲成陆，该港口的地理优势丧失，其地位为其他港口所取代。该遗址对于研究潮州港口的发展史及对外贸易史有一定价值。

凤岭古港遗址石牌坊

饶宗颐为凤岭古港题字

凤岭宫残迹

第二节　贸易管理机构和市场

粤海关旧址

位于广州市荔湾区岭南街十三行社区沿江西路29号，该海关设立于清康熙二十四年（1685），是我国最早设立的海关之一。原关址在五仙门内，咸丰十年（1860），粤海关税务司在现关址正式建立公署。同治十一年（1872）大楼重建，光绪二十五年九月一日（1899年10月5日）毁于火灾，后重建，宣统二年五月（1910年6月）拆建，民国元年11月9日复毁于火灾。现址为民国三年（1914）3月由

粤海关旧址钟楼

英国建筑师戴卫德·迪克依照欧洲古典建筑形式设计，华昌工程公司承建，1916年5月竣工。现大楼坐西北朝东南，为四层钢筋混凝土结构建筑，平面呈平行四边形，门外带垂梯，面宽47.2米，进深24.22米，总占地面积4421平方米。该楼东南立面以花岗石砌筑，水平划线装饰，首层台基作条石形式处理，大门两侧以高大双柱、倚柱承托山花、拱券，山花券拱上有"粤海关"三字。巨型罗马复合柱头及罗马塔斯干柱身混合双柱通贯二、三层，四层以罗马塔斯干柱环绕回廊。西北立面以红砖砌筑。建筑顶筑穹窿顶钟楼，钟楼四面以塔斯干双柱支承，内置英国1915年制造的大型四面时钟，钟内还有5个大小不一的吊钟，可以整点报时。该楼室内高大宽敞，柚木平缓拱形窗，各室设壁炉，铺樟木地板，走廊以彩色水泥砖铺地，彩瓷砖墙裙。楼内原有电梯，后拆。该址对研究我国海关发展史具有重要意义，2006年被公布为全国重点文物保护单位。

粤海关旧址外观

锦纶会馆

位于广州市荔湾区华林街寺前社区康王南路289号，始建于清雍正元年（1723），是广州丝织业的行业会馆。从清乾隆三十年（1765）至民国十三年（1924）先后七次重建、重修，新中国成立后曾作为民居。会馆坐北朝南，广三路，深三进，面阔22.1米，进深38.5米，建筑占地850平方米。硬山顶，镬耳山墙，青砖石脚，碌灰筒瓦，绿琉璃瓦当，滴水剪边，砖雕细腻。门前有约300平方米广场，立有花岗岩砌造的照壁基座。头门面阔三间10.6米，进深三间6米共十三架。明间阔5.1米，左右次间面阔2.7米。大门嵌花岗岩门夹，石门额刻有行书"绵纶会馆"四字。中堂名"锦纶堂"，面阔三间10.6米，进深11.5米共十五架，前设四架轩廊。4根金柱，两廊面阔一间，进深一间，四架卷棚顶。后堂面阔三间10.6米，进深三间6.7米共十二架，4根金柱。会馆原来只有中路，后来扩建东序和西序，馆内完整保留21块碑刻，这是研究清代资本主义萌芽和广州商贸发展史的重要实证，其中一方"锦纶会馆"小碑对会馆始建、扩建有翔实记载，后墙镶嵌麻石质地碑刻一方，刻有"锦纶行会馆自墙，墙外滴水七寸"。锦纶会馆原位于下九路西来新街21号、21号之一、33号、35号。2001年广州市建设康王路，市政府对会馆实施整体平移，会馆向北平移80.4米，顶升1.085米，再朝西平移22米，保持原有方向，移至康王南路现址。2005年初，经修葺后对外开放。2008年被公布为广东省文物保护单位。

锦纶会馆外观

锦纶会馆头门瓜柱梁架

锦纶会馆碑刻

赤坎古镇

位于开平市中部,是著名的华侨之乡、建筑之乡,是具有300多年历史的岭南名镇、百年商埠,历史文化底蕴深厚,商贸繁盛,中西文化在这里碰撞、吸纳、融汇。20世纪50年代初曾是开平的县城,一度成为粤西地区最繁华的中心集镇之一,2007年6月获"中国历史文化名镇"称号。赤坎古镇主要由司徒族和关族人兴建。清顺治八年(1651)司徒族在上段设市并建拱北等街,康熙十二三年间(1673—1674)关姓将原建的"二七市"迁至上段并建有丛兴等街,由此逐渐形成赤坎上下埠,附近乡人皆往赤坎趁墟,墟期为逢三、八日。赤坎古镇不仅商业繁荣,而且文风浓郁,人杰地灵。前清有翰林关朝宗和司徒照、司徒煦兄弟。现当代有著名的爱国侨领司徒美堂,飞机设计师司徒璧如,岭南派国画大师司徒奇、关金鳌,中国摄影界的先驱沙飞,等等。2002年"赤坎旧镇近代建筑群"被公布为广东省文物保护单位。

关族图书馆

街道

赤坎上埠中华西路

新兴街

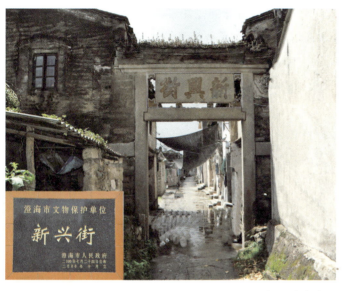

新兴街东大门

位于汕头市澄海区东里镇新兴街村南社港南侧,始建于清嘉庆七年(1802),是当时号称"粤东通洋总汇"的樟林古港全盛期的货栈街。全街呈西北—东南走向,长近200米,由两旁54间双层货栈组成,每间栈房宽5米,进深10～20米不等。栈房沿街而立,后门连接内港,设石门、水闸和小码头,街中部设较大码头,并有石门关闸可以闸水。新兴街是樟林古港繁荣时期的一个历史缩影,为研究清代潮汕地区海上丝绸之路外贸史、樟林古港的商贸活动及当时货栈的建筑形式提供了不可多得的实物资料。2000年被公布为澄海市文物保护单位。

新兴街全景

粤海关雷州口部税馆旧址

　　位于雷州市雷城街道办关部社区关部街,始建于清康熙年间,1985年修缮。坐东向西,为砖木结构硬山顶建筑,面阔14.4米,进深31米。现还保留房屋4间。原为清代雷州海关驻地,负责管理来往商船,收购专卖品及征收关税等事宜,对发展和推动古雷州经济有积极作用,"关部街"也因此得名。粤海关雷州口部税馆对研究清代雷州海关贸易税收具有较高的实物资料价值。1994年被公布为雷州市文物保护单位。

粤海关雷州口部税馆旧址标志牌

粤海关雷州口部税馆旧址梁架

粤海关雷州口部税馆旧址概貌

关部康皇庙

关部康皇庙梁架结构

位于雷州市雷城街道办关部社区关部街,始建于清乾隆三十年(1765),道光十八年(1838)、光绪三十年(1904)曾重修。坐东向西,为三进砖木结构硬山顶,面阔17.03米,进深25.36米。庙祀宋真宗时抗金捐躯将领康保裔,百姓尊称其为"康皇"。清代雷州口岸海关部税馆租赁该庙房屋办公。因此,把康皇庙所在地改名为关部街。庙内保存石碑多块,是研究广东省海关税收管理、雷州口岸海运的重要实物资料。1992年被公布为海康县文物保护单位。

关部康皇庙外观

麻演村忠勇庙

位于雷州市附城镇麻演村南渡河畔,是纪念明代嘉靖年间雷州府守备李茂才的庙宇。始建于明隆庆二年(1568),历经修葺,并于近年重修,现为清代风格。坐北向南,为三进砖木结构硬山顶,面阔17.67米,进深17.58米,以中轴线分为山门、拜亭、正殿。庙存文物有清乾隆辛巳年"勒碑垂志""忠义祠"等碑刻5通,光绪年铁炉、铁钟等。《雷州府志》卷之八记载:"忠勇庙,祀明守备李茂才。隆庆元年茂才镇守南渡时,有贼曾一本扰乱海疆。茂才督兵迎敌,至麻演渡与贼夜战,矢尽而殁。乡人因即其地立庙奉祀。"此地曾出土一枚"粤海关铜砝码",现藏于广东省博物馆。该址对研究古代海防、兵防历史与海上丝绸之路具有较高的价值。2002年被公布为雷州市文物保护单位。

麻演村忠勇庙光绪二十三年四足鼎

麻演村忠勇庙山门

雷州骑楼街

位于雷州市南亭街，始建于明清时期，现保存有中式、欧亚混交的文艺复兴式、巴洛克式和"雷州南洋"式的骑楼商业街风貌。距其不远的明代仙城会馆为广府商绅在此贸易的会所。骑楼街上的"永和堂"药材铺是清乾隆三十五年广府商人张康保、关普诏开设。由于海上丝绸之路的便利，明清期间该街贸易繁荣。清末至民国初，由于与南洋航运贸易的发展和大量华侨资本

"裕昌"铺正面

"永和堂"药材铺

的流入，雷州经济比较发达，城市建设活动也大为兴盛，"南洋风味"的建筑主要就是建于这段时期。骑楼街为研究雷州商业发展史及海上丝绸之路提供了重要的实物依据。

骑楼街全貌

蚊洲湾遗址

位于珠海市金湾区（高栏港经济区）南水镇飞沙村西北面。1969年4月，南水公社渔业大队民兵在蚊洲湾挖出212件青瓷碗碟等。这批瓷器大部分埋在沙滩冲积层的0.4～0.9米深处，碗碟包装整齐，主要有印花青瓷和划花青瓷。第三次全国文物普查时在此也采集到印花青瓷片、划花青瓷片、青花瓷片和褐釉瓷片。该址对我国古代海上丝绸之路，尤其是元代陶瓷外销的研究具有一定价值。

遗址的部分瓷片

蚊洲湾遗址全景

大洲湾遗址

位于台山市上川岛大洲湾。遗址范围东西宽200米，南北长450米。从所获得的标本看，其品种有红绿彩瓷、青花瓷、青花红绿彩瓷、白釉瓷。器形以盘碗等日用器为主，有少量的琢器如小罐、梅瓶；纹饰题材丰富多彩，包括历史神话人物、小说故事人物、飞龙、凤凰、狮子戏球、花鸟等，青花绘画流畅挥洒，红绿彩映衬绚丽夺目；不少瓷器有明确的纪年款识，见"大明年造""大明嘉靖年造""正德年造""长命富贵""天下太平""永保长春""宣德年造"（仿款）和"福""李""陈""北""玉"等吉祥语款、窑坊款。上川岛是明代葡萄牙殖民者在中国最早进行陶瓷贸易的地点，该类遗址目前在国内尚属少见，对研究明代中期中西海上陶瓷之路的历史具有重要价值。2015年被公布为广东省文物保护单位。

大洲湾遗址采集的瓷片

大洲湾遗址

增田埠遗址

位于肇庆市怀集县连麦镇增石村内。遗址现存有旧街1条，旧商铺数间。旧街东起清水塘，西接天后宫码头。街道两旁建筑为古式骑楼结构，临街商铺整齐划一，商铺均设有售货橱窗"铺窗踏"。原街道路面用河卵石铺设，现已改为水泥路面。遗址经用GPS卫星定位仪测量，面积约有5.6万平方米。作为怀集县较早的集码头、货运、商贸等于一体的集市，该埠有较特别的历史文化积淀，对研究海陆丝绸之路对接和当地历史文化有一定的价值。

增田埠遗址

增田埠遗址商铺近景

纯洲岛造船湾遗址

位于惠州市惠阳区（大亚湾经济技术开发区）澳头街道荃湾村东面的纯洲岛上，背山面海，朝向大陆，遗址总面积约3000平方米。2009年3—4月间，广东省文物考古研究所和惠州市博物馆对遗址进行了发掘，发掘面积1500平方米。遗址主要包括商周和宋代遗存。宋代遗存包括遗址和墓葬，遗迹包括灰坑、柱洞、沟等，并出土大量的陶瓷器（片）。瓷器主要为青白瓷、酱釉瓷。宋墓3座，随葬品235件，多为瓷碗。其中M2出土的斗笠形影青瓷碗光洁透明，初步判断是江西景德镇产品；酱釉盏初步判断是福建建窑产品；另有部分青瓷碗是潮州笔架山窑产品。大亚湾纯洲岛造船湾出土瓷器说明，造船湾遗址与海上丝绸之路有一定关系，这为研究惠州大亚湾先民的生活提供了实物资料。

纯洲岛造船湾遗址近景

第三节　海防设施

虎门炮台

虎门炮台是分布在珠江出海口东西两岸及江中三个岛屿上的虎门一带炮台的总称。其南面是伶仃洋，北面是狮子洋。一江两岸以主航道分界，东属东莞虎门，西属广州南沙。主要有珠江东岸的沙角、威远、靖远、镇远、南山、蛇头湾、定洋等炮台旧址，珠江西岸的大角炮台旧址，江中的上横档岛、下横档岛炮台等。威远岛诸炮台与江心的上、下横档炮台及珠江西岸的诸炮台形成了虎门炮台的第二、第三道防线，扼进出广州的咽喉，是鸦片战争时期最为严密的防御要塞，在鸦片战争中发挥了重要作用。该炮台群1982年被公布为全国重点文物保护单位。

沙角炮台

威远炮台

海港设施

蛇头湾炮台

沙角炮台阿姆斯特朗炮

沙角炮台门楼

定洋炮台门楼

大鹏所城

全称为"大鹏守御千户所城",位于深圳市龙岗区大鹏街道鹏城社区,始建于明洪武二十七年(1394),隶属南海卫。大鹏所城依山傍海,坐北朝南,全城东西长345米、南北长285米,占地约10万平方米,整体格局保存完好。现存东、南、西三个城门及东北约300米古城墙基址。城内主要街道有南门街、东门街、十字街和正街,均为石板铺设。主要建筑有清广东水师提督赖恩爵"振威将军第"、清福建水师提督刘起龙"将军第"等近十座清代府第式建筑,均为

大鹏所城东门楼

砖木结构,条石基、青砖墙、灰瓦顶。大鹏所城在明清两代抗击葡萄牙侵略者、倭寇和英殖民主义者的斗争中起过重要的作用,是岭南重要的海防军事要塞,也是我国目前保存较为完整的明清海防军事城堡之一。2001年被公布为全国重点文物保护单位。2003年大鹏所城所在的鹏城村被公布为中国历史文化名村。

大鹏所城航拍

南头古城

又名东莞所城、新安故城,位于深圳市南山区南头街道深圳大道北侧。始建于明代,呈不规则长方形,城垣范围东西长680米、南北宽500米。城墙由黄泥沙土夯筑,内外包砖。现北城墙尚存一段高低不等、断断续续的城墙遗迹,城墙外依稀可辨地势低洼的护濠遗迹。四城门中,西城门被毁,东城门虽存,但已改为石构筑,唯南城门保存完好。南城门底宽11.72米、高4.4米,拱形城门洞宽2.8米、长11米、高3.3米。2002年被公布为广东省文物保护单位。

南头古城城垣

南门城墙

南门正面

县衙鸟瞰

民居

东澳岛铳城

东澳岛铳城烽火台

　　位于珠海市香洲区万山镇东澳岛东南端的山脊上，三面临海，一面靠山，有水泥石筑环岛路连接铳城与码头。铳城建于清雍正七年（1729），平面布局呈长方形，现长48米，宽21.4~23.8米。城门设在铳城的西南面，以青砖拱顶。铳城城墙为石砌，高2.9~4.8米，厚1.8~9.7米，周长约150米，占地面积约4000平方米。炮台设在铳城右后角的城墙上，现陈列铁炮3门。城内有三条台阶与城顶相连。在铳城西南方约40米处建有烟墩1座，呈立锥形，有火膛、烟道，顶部有烟火出口，高1.7米，口径0.55米，座径1.9米。2010年被公布为广东省文物保护单位。

东澳岛铳城城墙

大莱芜炮台

位于汕头市澄海区莱芜岛西南角。莱芜岛历来为粤东海防要冲、闽粤海上交通必经之路。清康熙五十六年（1717）大莱芜炮台建成，配把总1名、士兵42名、战马1匹、坐骑3匹、船2艘，随讯操巡。炮台旧址四周围墙现仍基本完好，营房仅存地基残迹。围墙由灰沙土夯筑而成，高5.2米，长52.4米，宽26.4米，呈长方形。墙厚2.5米，外堞厚0.7米，内堞厚1.8米。炮台坐西向东，炮台东面一侧开一门，高2.5米，宽1.5米。炮台西南角有一方台炮位，边长13米，高4.2米。近年对炮台进行修缮，整治周边环境、道路，设置石级及介绍炮台历史的碑亭。该遗址对于研究清代粤东海防有着重要价值，1989年被公布为广东省文物保护单位。

大莱芜炮台正面

大莱芜炮台墙体

坎下城址

位于汕尾市区西北部城内路尾,南临汕尾港。建于明崇祯十年(1637),是广东省目前最完整的明代古城遗址之一。城呈椭圆形,全城面积7.2万平方米,周长1157米,建筑材料以沙石、砖瓦为主。城墙为双层夹墙,原高5.6米,现残高3米,厚4.1米。全城原筑设垛口391个,东、西、南、北各建一门,东、南两门于城内各建炮楼一座。城墙上沿东南方向架设海防火炮78门,用于防御海盗、倭寇侵扰,以维护百姓安宁。以上构筑物至今多数已塌,仅存城墙、东门"永安门"及北门"拱极门"。2008年被公布为广东省文物保护单位。

坎下城址城墙

坎下城址石刻

坎下城址石狮

坎下城址古井

坎下城址永安门

崖门炮台

位于江门市新会区南部，潭江、西江支流出海口东岸。建于康熙五十七年（1718），为清初在崖门及虎跳门兴建的四座炮台之一。清代至民国，炮台都有驻防。现存炮台厚3.5米，高5.5米，周长180米，占地3825平方米，依山面海，半月弧形，花岗岩石基，灰沙夯墙，环筑如碟，上、下两层，下层大炮位22个，上层小炮位21个，现存有铁炮5门。崖门炮台是广东沿海现存较大的单体古炮台，具有重要文物价值。1989年被公布为广东省文物保护单位。

崖门炮台全景

崖门炮台内部

海港设施

紫花岗摩崖石刻、烽火台

紫花岗摩崖石刻位于台山市广海镇广海城海永无波公园内,是广东省有名的平倭记功石刻,刻于明成化三年(1467)。石刻坐东向西,石面高8.1米,阔9.2米,阴刻楷书"海永无波"四个大字。每个字高3米、宽2.8米,字分两列,整体作四方形排列,字体苍劲雄浑,气势磅礴。其中"永"字写法特殊,在"水"字上加一横,寓意水面平静无波,即"海永无波",其意深长。石刻题款是"钦差总督备倭都督张通书,巡视海道副使徐海刻"。在南侧约50米处,有阴刻楷书"波恬万顷",每个字高0.9米、宽0.75米,落款为"诗英题、熊文华书,万历壬寅年"。1966年石刻所在处被辟为公园。2002年被公布为广东省文物保护单位。

紫花岗烽火台炉膛

紫花岗烽火台

公园内的紫花岗烽火台是明洪武二十七年(1394)为防御海上倭寇而建,坐东向西,高4.7米;底层平面呈长方形,长8.44米,宽9.24米,占地面积77.99平方米。烽火台由无规则的花岗岩砌筑。正面设有梯级,顶部三面为城垛,台面中央挖有直径3米的圆坑,是用于堆放引火柴草和马粪、狼粪的炉膛。紫花岗烽火台是台山地区现存较完整的烽火台之一,具有一定的历史价值和研究价值。

紫花岗摩崖石刻正面

乐民千户所城

位于湛江市遂溪县乐民镇乐民城村。明洪武二十七年（1394）安陆侯吴杰创造，清康熙八年（1669）重修。古城呈直角梯形，南墙长460米，北墙长307米，东墙长500米，西墙长530米，城墙内周长1797米，占地面积约2.3万平方米。乐民千户所城在明清两代一直是海防要塞，原设东、西、南、北四门。西门保存较好，东门次之，北门仅残存的一堵侧门砖，南门于1973年被毁，四城墙外皮墙砖亦在同年因围海造田被拆毁，仅存土墙。2012年被公布为广东省文物保护单位。

乐民千户所城东门

乐民千户所城北门

大埕所城

也称大城所城，位于潮州市饶平县所城镇，东临南海，北倚大尖山，明代为潮州卫下辖海防军事重地。大埕所城历经沧桑，目前四门尚在，布局依旧，城楼、敌台被毁，部分城池仍在，南、北城垣破损严重，东、西城垣尤为完整。城内大部分民居已改建，而道路至今保留着三街六巷的格局。坛庙、祠堂、庵寺、古戏台历经修缮，仍保留明清时期风貌。大埕所城是目前省内保存较为完整的海防所城。2002年被公布为广东省文物保护单位。

大埕所城东城垣

大埕所城东门

所城内的城隍庙

所城内街道

大埕所城南门

大埕所城西门

靖海所城

靖海所城城墙外貌

位于揭阳市惠来县靖海镇城东。古城墙设东、西、南、北四个城门，四门均建瓮城及城楼。靖海所城北城墙和东城墙北段约1300米城墙保存完整，东、北护濠依稀可辨，东门、北门的瓮城完整如初。城内尤其是北门一带，清代潮汕民居鳞次栉比。城墙高4米，两边系条石磊筑，中夯灰土，墙垛上有望孔，城墙顶为跑马道，宽约4米。城墙四角有突出城外并高于城墙的方形转角台，现存东南、东北角台。城内贯通四门的长十字形街道及卵形围墙形成古城独特的象形格局，称为"象城"。2010年被公布为广东省文物保护单位。

靖海所城遗址东门

赤湾烟墩遗址

位于深圳市南山区招商街道赤湾社区小南山上。始建于明洪武二十七年（1394），1995年重修。烟墩呈圆台形，底径11米，顶径6米，高约6米，占地面积约66平方米。顶部中间凹陷，墩台护坡用石块和砖砌筑。该烟墩位于珠江口东岸，与赤湾古炮台构成防御体系，是明代东莞所城最重要的烽火台，为深入了解明代军事设施建筑平面布局特征和深圳古代海防史提供了较好的实物资料。1988年被公布为深圳市文物保护单位。

赤湾烟墩遗址之一

赤湾烟墩遗址之二

赤湾烟墩遗址之三

总镇府遗址

位于汕头市南澳县深澳镇南山路，俗称总兵府，明万历四年（1576）南澳副总兵晏继芳建。总镇府坐南向北，居南澳城正中，周长约200米。南澳自明万历三年（1575）诏设"协守漳潮等处地方专驻南澳副总兵"起至清末的三百多年中，计有总兵、副总兵约170任莅镇南澳，皆驻总兵府。总兵中不少人成为民族英雄或国家栋梁，如刘永福、陈璘、赖恩爵、黄标、周鸿升等。1647年民族英雄郑成功收兵南澳时，也曾驻此。总镇府历经1918年深澳7.25级大地震及各时期的改建，历史遗痕已不显见。仅在总镇府遗址外埕东侧的大榕树内有三处包含着原总镇府外围墙的墙体。现在重建后的总镇府范围比遗址面积小，采用仿悬山式水泥结构，只有石狮为明代的遗物。1999年被公布为南澳县文物保护单位。

总镇府遗址郑成功招兵树

总镇府遗址全景

蓬州所城遗址

位于汕头市金平区鮀江街道办蓬东东门。明洪武二年（1369）蓬州守御千户所从蓬州都迁至揭阳县鮀江都，百户童兴建城，设四个城门，外环护濠。天启五年（1625）重建，清嘉庆七年（1802）重修。抗战时期日军侵华，拆毁大半，东城墙侧后方、北门城墙各有古榕一株，榕树根包裹原城墙。残余部分于1958年被拆除。现存东门城墙残长13.8米，厚3.6米，高4.3米；北门城墙残长5.2米，厚1.5米，高3.2米，由花岗石砌筑而成。2012年被公布为汕头市文物保护单位。

蓬州所城东门城墙

蓬州所城北门城墙

双鱼城遗址

位于阳江市阳西县上洋镇双鱼城村。据《阳江县志》记载，双鱼城建于明洪武二十七年（1394），是朝廷为防御海寇加强海防而设置，在当地的军事建制单位为守御千户所。清雍正八年（1730）延续三百三十多年地方军事建制的双鱼城在清廷恢复县丞制度，成了县丞署衙门所在地。双鱼城作为地方海防军事要地直到清嘉庆十六年（1811）。古城占地面积7500平方米，四周城墙环抱，城堞呈梯形，外直内斜，底宽10米，上宽6米，高6米。砖石套红泥五层结构，城砖重20多斤，砖长47厘米，宽19厘米，厚13厘米。全城有东、西、南、北四个城门楼，每个城楼设大炮一门，吊桥一座。十字街中心有一牌楼，该牌楼有四个出口，可通四门。城墙于"文革"时期被拆除，刻有"双鱼城砖"字样的小青砖已被村民另作他用。该遗址对研究阳西地区的海防设施具有一定的历史价值。2002年被公布为阳西县文物保护单位。

双鱼城遗址东门城墙局部

海安千户所城遗址

位于湛江市徐闻县海安镇广安城内村。据清嘉庆《雷州府志》《徐闻县志》记载,该所城始建于明洪武二十七年(1394),明正统年间所城千户徐真重修,清康熙元年(1662)和嘉庆六年(1801)又重修,面积2.03万平方米。城墙于1939年拆毁,现残存南门、西门、北门各一段夯土。城内现遗留城墙砖石、石雕、古石道、古井等多处,北门有"拱辰"石碑,及"毁香亭"石碑、"鸣珂里"石匾等碑匾。海安千户所城遗址对研究明清海安海防、航海、商贸等社会状况有很大价值。

海安千户所城遗址城砖

海安千户所城遗址

大山㞳烟墩

位于广州市南沙区黄阁镇大井村大山㞳烟墩岭上。大山㞳位于黄阁镇中南部，海拔224米，为南沙第二高峰，山上可俯视整个南沙地区及珠江口。相传始建于明末清初。现残高约4米，底部直径约13米，台顶直径约5米，占地面积约40平方米。基本保存了昔时的主体，是重要的海防设施，主要用途是当外敌由海口入侵时，在其上点燃烟火以报警。大山㞳烟墩是广州唯一保存下来的古烟墩。

大山㞳烟墩顶面

大山㞳烟墩全貌

海门所城旧址

位于汕头市潮阳区海门镇。明洪武二十四年（1391），建城官黄文灿在海门村临海筑城，历经三年建造，竣工后迁潮阳守御千户所于此，遂命名为海门守御千户所。海门所城的城墙较坚固，采用"五凤朝阳"格局，寓意饮"五都"之水。开有东、西、南、北四门，每个城门前辟一个水池，起防火作用。西门外还建有一小屋，称狮子舌，故西门又名"流涎狮"。所城平面近似长方形，全长约2250米，城墙高3米余，建在海边的低坡丘陵地带，以粗糙大石、泥沙和石灰筑砌而成。

海门所城西城墙南段

海门所城西城墙北段

平海所城

位于惠州市惠东县平海镇稔平半岛南端,东濒红海湾,南临平海湾,西倚大亚湾,北接稔平半岛腹地。始建于明洪武十八年(1385),洪武二十七年(1394)建成。平海古城的形状酷似燕尾钟,故称"钟城"。在城的东门正东方向还筑有弧形的城墙与东门相连接,墙上照样筑有雉堞,谓之钟城之"钟耳"。现存东、西、南、北四座城门,由十字街贯通把城门内地域分成四大块。1991年被公布为广东省历史文化名城。

平海所城西门

平海所城北门

平海所城东门

平海所城南门

碣石卫城址

位于陆丰市碣石镇新酉村。明洪武二十七年（1394）广东都指挥花茂奏请设立碣石卫，同年始建碣石卫城。其时，碣石卫统辖中、左、右、前、后、甲子、捷胜、平海、海丰9所，统军5720名。该城址为土城，现存北门至东门到南门这一段，土城基全长1350米、高7米、宽12米，占地面积16200平方米。敌楼雉堞早废，护城池宽3.5米、深3米，遗迹可辨。东门处可见到部分花岗石砌筑，整座城墙址现已长满榕树等乔木和灌木。该址对研究明代军事设置及粤东海防史有一定的价值。

碣石卫城址东门正面

碣石卫城址局部

观音岭官道遗址

位于陆丰市金厢镇十二岗村观音岭。始建于明洪武二十七年（1394），为海丰县通往碣石卫的官道。残存官道从观音岭岬角山顶向西延伸至山下，呈弯曲势，系时任广东水师提督方耀于光绪十二年（1886）重修的遗构。官道东西走向，全长195米、宽3米，占地面积585平方米，系用宽0.25米、长3米的花岗岩石板铺砌而成。1973年前该官道是东海、金厢通往碣石的必经之路，1984年后从古官道北边修建金碣公路，该官道不再作为交通道路使用。该遗址对研究明清时期碣石卫的军事交通情况及沿海官道发展史有一定的价值。

观音岭官道遗址上坡路面

观音岭官道遗址下坡路面

捷胜城墙遗址

捷胜城墙遗址侧面

位于汕尾市城区南部海滨16公里处，始建于明洪武二十七年（1394），由广东都指挥花茂奏立。翌年八月十五日千户侯良创建，万历十二年(1584)千户汪如圭重建。初名"捷径"，后改名为"捷胜所城"。因所城状四方，周高中低，形似鱼罾，故别称"罾城"。原城墙高5米，宽4米，周长1612米，面积约16万平方米，设垛口440个，分东西南北四城楼，是旧时海防要冲，对研究当地明代海防有一定价值。

捷胜城墙遗址局部

北津城遗址

位于阳江市阳东县雅韶镇北津村西南边的城山及西面山脚,为明万历元年(1573)城址。据《阳江县志》《阳江县文物概览》记载:明万历元年,海盗许恩杀其党郑大汉后归降,以灰砂土依山筑城而居,城高5米,厚1.3米,有城门3座,城楼4座,有河王庙、土地庙。后历代重修,至清末民初始废。北津城遗址周长773米,面积约3.7万平方米。东至城山,南至海边旧楼南侧3米,西至海边10米,北至北津村大榕村旁。东面城山存有一道以山为墙的城墙,外批灰砂;西南角现存小段重修时的城墙,石灰夯土外包砖石。其余古迹俱废。北津城遗址是明清海防遗存的遗址,具较高的历史价值。

北津城遗址城墙

北津城遗址西南角城墙

北津城遗址今貌

海朗守御所遗址

　　位于阳江市阳东县大沟镇海头新屋村东北方400米的镇海山上。据《阳江县文物概览》记载："明洪武二十七年（1394）防御所指挥花茂奏请建立，万历三十年（1602），海防同知徐麟建望敌楼一座。崇祯二年（1629）设海朗炮台其上，废于清乾隆初年。"遗址城墙不规则，依山脊及自然地形而建，为夯土墙，总长3207米，占地面积约23万平方米。四周城墙遗迹清晰可见。遗址内地面到处散落一些粗陶、黄釉、青花陶瓷碎片，采集到的陶片以灰质粗陶为主。海朗所城是为防御海盗及倭寇而建的，为明清海防遗存，具有重要的历史、文化价值。

海朗守御所遗址南部城墙

海朗守御所遗址中部采集的陶片

海朗守御所遗址西部城墙

白鸽寨遗址

位于湛江市麻章区太平镇通明村，建置于明代，为雷州府遂溪县辖地。坐东北向西南，占地面积90万平方米。曾建有城墙，现已毁坏，遗址也变成村庄。白鸽寨地理位置险要，面向雷州湾，遥对东海岛，控制从海上至雷州府城的入口，正如《粤东兵制》所言："白鸽寨东起北津，西接涠洲，西南与白沙相望，南临大海，上下八百余里，实海外巨防也"，故有"城郡左臂"之称。在明、清两代长达五百多年的统治时期，于此地建水寨、驻水师、筑炮台、修烟墩，发挥了其军事防守的重大作用。该址对研究雷州半岛海防史有一定的价值。

白鸽寨遗址石狗

白鸽寨遗址

康港所城遗址

位于湛江市雷州市北和镇康港社区吴蓬村北面，明洪武二十七年（1394）为防倭寇侵扰所建。城东西长400米，南北宽200米，设四门，东门额"迎春"，西门额"肃清"，南门额"迎恩"，北门额"镇海"。所城南门内还建有真武庙。现所城已毁，遗址仅存北面城基。该遗址对研究雷州明代海防防御设置提供了较重要的实物资料。

康港所城残余遗址

柘林寨遗址

位于潮州市饶平县柘林镇柘北村东北面小山岗上，建于明嘉靖四十五年（1566），坐东向西。据《饶平县志》记载："明嘉靖四十五年改东路为柘林寨，东路之兵时聚时散，海寇伺其往来以为肆掠，民无宁岁。提督侍郎吴桂芳奏募民兵一千七百一十六员名，领战船大小四十五只，以指挥一员统之，建牙于天妃宫之东南，屹然一巨镇焉，其地与南澳对峙，与黄冈、大埕相为犄角，声援相应，饶邑之门户也。"柘林寨遗址目前营房已废，寨墙残存，对于研究军事设施有一定的历史价值。

柘林寨遗址残墙

柘林寨遗址西部

第四节 其他

秦代造船遗址

位于广州市越秀区北京街道禺山社区中山四路316号。造船工场坐西向东，埋在地下深5米处。1975年开始发掘，揭出1号、2号造船台的一段和部分木料加工场地。到1994年，在1号船台东面尽头处向西40米约当船台区中段发掘，横向揭开3个船台的一段。1998年，在1号船台南边的木料加工场地发掘近3000平方米，未到边缘。2004年12月第四次

造船工场遗址全景

发掘，在船台东端尽头处，把3个船台尽头处的结构全面揭露出来。在1号船台南边有一大片造船木料加工场地，其他出土文物还有铁锛、铁凿和秦汉半两钱、铜镞等。在遗址之上的地层中，出土有"万岁"瓦当和地砖，证明南越王时期曾将造船工场填盖兴建宫署。秦造船遗址是我国目前年代最早、规模最大、保存最好的造船工场遗址，反映了我国在秦汉时期已有较高的造船技术，对研究广州的造船技术具有一定历史价值。1996年被公布为全国重点文物保护单位。

造船工场遗址局部之一

造船工场遗址局部之二

偃波轩古造船厂遗址

位于雷州市雷城街道城南社区夏江河边，始创于明代。据《海康县志》记载：南渡口为水上交通要道，经海路可南出琼崖，东通闽浙，海上交通发达。清代雷州所产蒲草、陶瓷经此转运省城、福建等地，船只成为主要交通工具，于是造船业应运而生。明成化年间，指挥使魏怀信、金事凌晟在城南夏江河边创建官方督造船舟之所。后知府魏瀚曾重建，并手书匾"偃波轩"。现造船厂已废弃，遗址所在地为雷州市航管站管辖。该遗址是研究雷州船舶制造史及海上航运史的实物资料。

偃波轩古造船厂遗址近景

偃波轩古造船厂遗址外景

芷寮船厂遗址

芷寮船厂遗址近景

位于吴川市吴阳镇桥头谭屋村，始建于清雍正三年（1725）。清光绪版《吴川县志》载："清雍正三年设芷寮船厂，至乾隆九年搬芷寮船厂，改归省厂办理，因南下徐闻北上信宜二县，山场日采日远，挽运烦难，故请改设。"清初，芷寮船厂主要负责官方巡捕船及哨艇的制造和维修，乾隆年间渐废。据《吴川县文物志》记载：芷寮船厂遗址，面积约20万平方米，是个比地面稍高的土坡。1980年，湛江水文队在船厂岭附近打钻到53米深，见有陶钵残片。该遗址对研究吴川清代造船业的发展史有一定的价值。

芷寮船厂遗址远景

宝镜湾岩画

位于珠海市金湾区（高栏港经济区）南水镇高栏岛宝镜湾风猛鹰山的西坡。1989年10月，考古工作者在该海湾"宝镜石""藏宝洞""大坪石""天才石""太阳石"等5处发现了7幅岩画。岩画阴刻在花岗岩石面上，线条粗犷，构图稚拙。其中以"藏宝洞"里俯状的东壁画面为最完整，画面由船形、人物、蛇、鸟、鹿、海浪和云雷纹等十多组图案组成，表现了古越族人进行航海活动和宗教活动的情景。在画面之下，还有

宝镜湾遗址与摩崖石刻画

现代人所刻的"金一万""莫劳心"等汉字。该岩画对研究广东乃至华南地区古代人类的生产、生活及迁徙等具有历史、艺术和科研的重要价值。2006年被公布为全国重点文物保护单位。

宝镜湾岩画"藏宝洞"东壁

连湾山岩画

连湾山岩画近照

位于珠海市金湾区（高栏港经济区）平沙镇卫东分场三队。地处连湾山北坡葫芦坑嘴，高出地面约25米，平斜向北。石面约50平方米，上面凿刻着3组青铜时代岩画，图案长与高分别为0.9米×0.65米、1.60米×0.75米和1.2米×0.8米。每组图案旁边都凿有一小洞。其中有一组图案，在显要的位置凿刻着一对连环形螺旋纹，与在连湾山周围古遗址中所发现的陶器纹饰，如云纹、雷纹等有相似之处，雕刻技法粗中有细。该岩画是平沙当时的地方志办公室工作人员根据清代大海盗张保仔的传说，于1992年8月24日实地考察时发现的。有学者认为，连湾山岩画是古代先民在出海之前祭海所创作的印记岩画，是先民们向海洋进军开辟海洋事业的历史见证。

连湾山岩画全景

大潭摩崖石刻

　　位于汕头市南澳县南澳岛黄花山大潭东侧。坐西南向东北，刻面约为1平方米。为北宋政和三年（1113）和政和五年（1115）二次镌刻，内容为："女弟子欧 七中捨井 一口乞平安 癸巳十一月记""匠李一 弟子欧七娘同 夫黄选捨井二口 乙未政和五年"。它是南澳迄今最早的摩崖石刻，在南澳县现存石刻中具有典型性、独特性和代表性，它是海商途经南澳的见证，也是南澳为海上丝绸之路中转站及必由之路的实物例证。2015年被公布为广东省文物保护单位。

大潭摩崖石刻

大潭摩崖石刻今貌

仕尾岭八棱石槽

位于湛江市徐闻县南山镇二桥仕尾村东200米处。俗称饮马槽，玄武石质，原石雕刻而成，坐北向南，占地面积9平方米，外表呈八角形，内圆形，外径1.94米，内径1.54米，露出地面部分高0.57米，槽深0.4米，八角外有粗线阴刻。该石雕具有汉唐时代石刻特点，是研究汉唐时期历史的实物佐证。

仕尾岭八棱石槽全景

仕尾岭八棱石槽

龙泉淡水井

位于湛江市徐闻县南山镇南山村三墩岛上。始建于清初，井为青石夯土筑成，平面圆形，直径2米，深0.8米，占地面积为8平方米。据清康熙《粤闽巡视纪略》记载："三墩在城南二十里突出海中，号小蓬山。"三墩是古代海港的天然屏障。《徐闻县志》记载："前临海，峙三墩，中有淡水，号龙泉。"水井应是当时为过往船只补给淡水之用，可作为研究当地航海及渔民生活等社会状况的实物资料。

龙泉淡水井井口

龙泉淡水井全景

梅关古道

连接关楼的南向一段古道

位于南雄市珠玑镇梅岭村,坐落于赣粤交界的梅岭山顶隘口处,主要包括南粤雄关、梅岭古道、"梅岭"碑刻。古道修建于唐开元四年(716),是张九龄奉诏开凿的大庾岭路的一段。自唐宋始辟而兴盛于明清的"海上丝绸之路",从中原经梅关古道、珠玑古巷、雄州商埠,又经由浈江、北江、珠江水路达珠三角,再经海路连通海外。尤其是宋代以来,南来北往的货运、邮驿、商旅络绎不绝,古道成为五岭南北主要交通要道,它把长江水系与珠江水系连接起来,是海陆对接的重要通道和接力点。现存古道自梅岭村北路口至关楼,长约1200米,宽3~4米,以青石、鹅卵石铺砌。2013年,梅关古道以"南粤雄关与古道"之名被列入全国重点文物保护单位。

梅关关楼北面

西京古道

开凿于东汉时期，南起英德浛洸镇，途经乳源，北接湖南的骡马古道（湘粤古道），通往古京都西京（今西安市）。始建于东汉建武二年，唐至清曾多次重修。西京古道南通广州，是当时运送荔枝等贡品、传递官书的重要通道。在过去两千年里，西京古道曾是沟通中原与岭南一带的交通要道，是历代的"高速公路"。现保存较完好的路段主要分布在乳源境内，由县城西大富桥上腊岭过风门关，途经龙溪（今南水水库），均丰（今大桥镇），白牛坪（今大桥镇），乐昌出水岩（今云岩镇），梅花（今梅花镇），武阳司（今老坪石）等地，延绵160多公里。2012年被公布为广东省文物保护单位。

乌桐岭官止亭

梯云岭亭

南天门古道

位于连州市大路边镇顺泉村民委员会老铺自然村与白土脚自然村之间，始建于秦汉，由古道、南天门凉亭、怀清亭组成。古道宽约3米，部分石阶在山岩上一级级开凿出来，多数由一块块宽约0.5米、长约1.3米的开凿有防滑槽的青石板沿着山势砌成，从山下到山上共有一千多级，是秦汉时期沟通五岭南北的古道。古道最早由秦始皇派遣的军队修建，西汉武帝元鼎五年（前112），汉武帝命伏波将军路博德率十万楼船水师，沿顺头领古道南下，"出桂阳，下湟水"，一举平定了岭南。东汉章帝时期（76—87），大司农郑宏奉命将骑田岭古道铺设成由岭南通往京城的"康庄大道"。唐元和十年（815），刘禹锡被贬为连州刺史时，走的也是这条古道。自秦汉以来，特别是唐至清，从这一古道由岭南通往中原的军家、商贾、游宦络绎不绝，该古道是连接陆上和海上丝绸之路的见证。2011年被公布为连州市文物保护单位。

南天门古道上的广荫亭南门

南天门古道上的怀清亭北门

风吹岭古道

位于潮州市饶平县柘林镇柘北村东北面风吹岭下,始建于明代。古道呈东西走向,全长743米(476米土路,267米石路),路宽2.5米。由块石铺成,为当地渔民出海口的驿站古道。在风吹岭与旗头山峡谷之中有一条崎岖的古道,西接雷震山,依山傍海,地势险要,东接所城镇下湾村,两旁荒岭,岭上怪石嶙峋,峥嵘突兀,终年海风呼号。岭上有历代诗人墨客的石刻群,有一定的历史价值。

风吹岭古道中段

风吹岭古道石阶

第二章 文化交流

第一节　宗教文物

光孝寺

位于广州市越秀区光孝路109号。光孝寺以历史悠久、规模宏伟被誉为岭南佛教丛林之冠。据《光孝寺志》记载，寺址最初为南越国第五代王赵建德王府，三国时改建为佛寺，名"制止寺"，经多次改名，至南宋以后称光孝寺。从东晋起至唐宋，有不少印度、南亚高僧如昙摩耶舍、真谛等来寺传教译经，对中外文

光孝寺大雄宝殿

化交流有很大影响。现寺内建筑有山门、天王殿、大雄宝殿、瘗发塔；其西有大悲幢、西铁塔，东有六祖殿、伽蓝殿、洗钵泉和近年集中寺内碑记所建的碑廊等。大雄宝殿为东晋隆安五年（401）罽宾国（今克什米尔）法师昙摩耶舍始建，经多次重修，最终保留了南宋的建筑风格，是岭南最巍峨的殿堂建筑，在中国佛教建筑史上也具有很高的地位。光孝寺是佛教文化通过海路在广州登陆并传播的见证。1961年被公布为全国重点文物保护单位。

光孝寺外景

怀圣寺光塔

位于广州市越秀区光塔路56号，是中国现存年代最早、最具特色的伊斯兰教建筑之一。怀圣寺始建于唐代，是伊斯兰教传入我国后最早建立的清真寺之一。为纪念伊斯兰教创始人"至圣"穆罕默德，故名怀圣寺。因系由来华的阿拉伯人所建，唐人称阿拉伯国家为狮子国，又被称为"狮子寺"；因寺内有一光身柱形塔，又名"光塔寺"。怀圣寺坐北向南，占地面积2966平方米，主轴线上依次建有三道门、看月楼、礼拜殿和藏经阁，光塔在寺西南角，还有回廊和碑亭。头门门额用阿拉伯文及汉文书"清真寺"，二门门额书"怀圣寺"，三门门额书"教崇西域"。怀圣寺与光塔同为唐宋时期广州城西蕃坊内的重要建筑，寺塔合一，是唐宋以来到广州贸易、定居的阿拉伯商人最重要的宗教活动场所，是广州作为伊斯兰教通过海路传播到中国的第一站的直接见证。1996年被公布为全国重点文物保护单位。

怀圣寺外观

怀圣寺光塔

六榕寺塔

位于广州市越秀区六榕路87号，花塔始建于南朝刘宋年间（420—479），南朝梁大同三年（537）诏许建塔供奉从扶南（今柬埔寨）迎来的佛舍利，并赐号"宝庄严寺舍利塔"。北宋绍圣四年（1097），改建为楼阁式砖塔。平面呈八角形，坐北朝南，外观9级，每两级间设暗层，明暗共17层，高57.6米，首层直径12米，塔身除斗拱及楼层、栏杆用木制外，其余大部分用砖砌就，作井筒结构，各层砌砖叠涩挑承平座和瓦檐，并逐层向内收进。朱栏碧瓦，丹柱粉墙，故又称花塔。顶层中央塔心柱为元代铸造的千佛铜柱，铜柱穿出塔顶贯串着塔刹构件，总重逾5吨。北宋元符三年（1100），著名文学家、书法家苏轼来游，见寺内有老榕6棵，题"六榕"二字，后人遂称之为六榕寺。

今六榕寺占地7000多平方米，殿堂房舍多为清代以来重建、新建。民国初年补种榕树，并建补榕亭以纪念苏东坡。1980年重修花塔、六祖堂等处，扩宽塔院；1983年、1987年先后重建大雄宝殿和观音殿；1993年又建藏经阁。六榕寺作为一处集历史、艺术、科学价值于一身的古建筑，具有丰富的历史信息和深厚的文化内涵。2006年被公布为全国重点文物保护单位。

六榕寺塔匾额

六榕寺塔

三影塔

位于南雄市雄州街道民主社区三影塔广场北侧。三影塔原名延祥寺塔，建于北宋大中祥符二年（1009），塔向南，因其影有三，一影向上、两影倒悬，因而称三影塔。三影塔为六角九层楼阁式空心砖塔，通高50.2米，基座直径8.95米，副阶宽3.46米，大条檐柱，高3.6米，盖酱红色陶瓦，六面三十朵斗拱出挑。塔自首层起，尺寸层层递减。塔内设梯穿腔壁，经每层回廊通达顶层。塔刹为覆盆、宝瓶、七层相轮和铜铸宝珠组成，六条铁索固定，二层以上六向檐脊端吊铜铃铎。塔身首层有一块"大中祥符二年三月十四日"刻字砖。三影塔历史悠久，1982年修复塔身，1985年修复副阶，1988年被公布为全国重点文物保护单位。

三影塔东面

三影塔南面

云龙寺塔

位于韶关市仁化县董塘镇安岗村。建于唐乾宁至光化年间（894—901）。原称西山寺塔，清代因寺更名云龙寺，塔随寺更名。为四角五级仿楼阁式砖塔，高10.34米。首层边长2米，二层以上逐层递减。除塔腔底层筑一券顶塔心室外，余皆实心。各层置腰檐及假平座，塔身各面有砖砌仿木构的倚柱、额、枋、斗拱，正中圭形佛龛排列在同一直线上。该塔具有唐代塔式建筑的特点。1988年被公布为全国重点文物保护单位。

云龙寺塔

云龙寺塔底座

南华禅寺

位于韶关市曲江区马坝镇东南6公里处，始建于南朝梁天监元年（502），初名宝林寺，唐仪凤二年（677）禅宗六祖慧能主持寺门，发展禅宗南派，故有禅宗"祖庭"之称。唐中宗神龙元年（705）敕改为"中兴寺""法泉寺"，宋太祖赵匡胤于开宝元年（968）敕赐"南华禅寺"，沿用至今。寺庙建筑屡经兴废，现尚存唐代卓锡泉、明代灵照塔等古迹和大量珍贵文物。寺庙建筑面积达1.5万余平方米，坐北朝南，整体为中轴线平面布局，分前、中、后三部分：前有曹溪门、放生池、宝林门；中有天王宝殿、钟楼、鼓楼、大雄宝殿、藏经阁；后有灵照塔、陈亚仙墓、祖殿、方丈室。寺后有卓锡泉。整体结构主次分明，布局合理。南华寺古建筑及寺内珍藏的文物价值高、影响大、数量多，具有深远的历史价值和意义，2001年被公布为第五批全国重点文物保护单位。

南华禅寺山门

南华禅寺外观

南华禅寺大雄宝殿

南华禅寺灵照塔

梅庵

位于肇庆市端州区城西街道梅庵路15号。始建于宋至道二年（996），唐时六祖慧能曾在此种下梅树，智远和尚为纪念先师，在此建寺。明万历初年（1573），清道光二十一年（1841）、1929年、1931年、1978年多次重修。现存古建筑主要有六祖井、大雄宝殿、山门、六祖殿、常光亭、六云亭等，总面积约6000平方米。其中，大雄宝殿保留宋代遗构，坐西北向东南，五开间，三进深，面积约169平方米，原为歇山顶，后改为硬山顶。檐柱有侧脚，斗拱为七铺作，双抄三下昂，出跳总长达122分，在全国同类斗拱中出跳长居第二位，里转华拱两跳承托乳栿。铺作中使用串拱木的拱栓结构，斗底刻皿板，这些宋代木结构建筑特点，在广东省是孤例，具有极其重要的科学研究价值。1996年被公布为全国重点文物保护单位。

梅庵山门

梅庵外景

梅庵正面

慧光塔

位于连州市连州镇城东社区慧光路18号。据《连州志》记载，慧光塔始建于南朝刘宋泰始四年（468），现存建筑为宋代重建。坐西向东，为六角九层楼阁式砖室塔，占地面积15平方米，保护面积为4600平方米，通高49.86米，其中塔刹高7.76米。首层用人字形砖拱承托坐斗，再在坐斗上置鸳鸯交手拱。首层边长4.7米，墙厚2.89米，隔一面开一门，共开三门，均通塔心室。第一层仅有平座，二层以上有腰檐和平座。腰檐每面均以三朵斗拱承枋，枋上以菱角砖和挑檐砖叠涩，出檐；平座只以菱角砖和挑檐砖叠涩而成。塔身外表各层每面均辟圭形真门二个和假门四个，从真门入塔心室登阶梯绕平座，可逐层至顶层。塔刹为铁铸，以复钵、露盘、相轮宝盖、宝珠等组成。首层塔心室内六角，用砖砌出柱和卢斗，斗拱上承托木枋和楼板。该塔结构较为特殊，保存了唐宋年代的砖木结构佛教建筑特色和风貌，其鸳鸯交手拱在广东非常罕见，具有极其重要的文物价值。2006年被公布为全国重点文物保护单位。

慧光塔背面

慧光塔的人字形鸳鸯交手拱和斗拱

潮州开元寺

位于潮州市湘桥区湘桥街道开元路32号,始建于唐玄宗开元二十六年(738),历代均有维修。坐北朝南,内分四进,首进为金刚殿(即山门),二进为天王殿,三进为大雄宝殿,后进为藏经楼。东西两侧建有方丈厅、地藏阁、观音阁、祖堂、伽蓝殿等。山门外有照壁,嵌"梵天香界"石刻。总占地面积11031平方米。大雄宝殿是开元寺的主体建筑,重檐歇山顶,红墙丹瓦,面宽五间,进深三间,殿前有月台,檐廊、月台有精雕着吉祥图案的石栏板。寺内文物丰富,有唐代石经幢、宋代大铜钟、元代石雕大香炉、明代金漆木雕千佛塔、清代乾隆皇帝御赐的雍正版《大藏经》等。开元寺是粤东地区规模最大、保存最好的古寺,具有极高的历史价值。2001年被公布为第五批全国重点文物保护单位。

潮州开元寺寺内的石经幢

潮州开元寺山门

潮州开元寺大雄宝殿梁架

潮州开元寺大雄宝殿

大颠祖师塔

大颠祖师塔

别称"舌镜塔",位于汕头市潮阳区铜盂镇河陇村灵山寺后侧,坐东北向西南,建筑面积约7.84平方米,系潮汕地区现保存最古老、最完整的墓塔。灵山寺开山祖、中原禅宗第九世祖大颠禅师于唐长庆四年(824)圆寂,肉身葬于墓塔内。墓塔呈钟形结构,高2.7米,塔座呈八角形,四周刻有飞龙走兽及花卉图案,古朴典雅。塔前有石烛台一对,石香炉一座,均保存完好。真实地体现了唐代的雕刻艺术,有较高的研究价值,系目前全国罕见的唐代钟形佛塔。1978年被公布为广东省文物保护单位。

大颠祖师塔正面全景

千佛铁塔

位于梅州市东山区千佛塔寺内，铸于南汉大宝八年（965），是中国现存最早的铁塔之一。塔平面方形，原为七级仿楼阁式铁塔，高4.2米，置于修慧寺，寺毁后于民国初年移建于东山岭上，1994年迁至今址。塔毁后残存第二层塔身，经过多次补修，塔座与首层塔身平面同为不等边八角形，第二层至第七层塔身平面则为四角形，风格截然不同。每层各面饰有竹节角柱，柱头上饰有栌斗，塔檐平滑深出，未见瓦茸之例，微有曲线，转角处檐角起翘明显。首层塔檐饰仰莲瓣，其余则无。各层檐角上均置一蟾蜍作装饰。每层每面均铸有佛像，造像皆屈膝盘坐，脸部造型丰满圆润，服饰简朴，保存了唐代造像风格。塔身铸有佛像1000尊，阴刻铭文铸件1块，铭文有11行，每行11字。1989年被公布为广东省文物保护单位。

千佛铁塔正面

千佛塔寺远景

天宁寺

位于雷州市西湖大道北侧,古称报恩寺,唐大历五年(770)由开山祖师岫公创建,历代皆有重修或拓建,现构为清代建筑风格。寺依山构筑,坐北向南,沿中轴线依次为石牌坊、山门、天王阁、大雄宝殿、藏经阁,两厢为钟楼、鼓楼和僧舍。石牌坊是明弘治年间太监陈荣重修,为四柱三间冲天式,坊额有苏东坡手书"万山第一"四字。山门门额有明代海瑞所题"天宁古刹"四字,门内两侧各塑金刚一座。天王阁内塑四大天王,中置弥勒

天宁寺外观

佛及韦驮。大雄宝殿内塑三宝佛及十八罗汉,佛像连基座高7米。全寺房舍50余间,建筑总面积4500平方米,为雷州半岛第一古刹。自宋以来,贬官、主雷名人多游此寺,或寓居寺内,留下墨迹、诗文。苏轼题坊,海瑞题额,陈振桂题"名山不断名贤至,古寺曾经古哲题"联。明代高僧德清(号憨山)寓居该寺16年,对岭南禅宗影响很大。寺内现存明清至民国碑刻和石联30余通。2012年被公布为广东省文物保护单位。

天宁寺大雄宝殿

崇禧塔

位于肇庆市端州区城东街道塔脚路，跃龙排灌站东，西江北岸。该塔俗称"花塔"，由肇庆知府王泮于明万历十年（1582）主持修建。历时420多年，经过水淹、地震、战火，塔身依然稳固。1960年、1983年有二次大修。为穿壁绕平座楼阁式八角塔，砖木结构，坐东南向西北。高57.5米，基座每边长5.8米。石基座八面雕刻"双龙戏珠"等图案，八个角雕刻"托塔力士"。外观九层，内分十七层，由西北方向的乾清门登塔。崇禧塔雄伟壮观，在肇庆四座明代古塔中修建时间最早，规模最大，是古代西江中下游岸边著名的标志性建筑，对研究中国古代建筑具有很高的历史价值。1962年被公布为广东省文物保护单位。

崇禧塔东侧存碑

崇禧塔外观

葫芦山摩崖石刻

位于潮州市湘桥区西湖街道西荣路西湖公园内葫芦山普同塔周围。葫芦山旧称艮山，因山下有西湖，故又称湖山或西湖山。葫芦山既是风景秀丽的旅游胜地，又是摩崖石刻荟萃之所。山多巉岩怪石，或拔地而起，或峥嵘突兀，或悬崖峭壁，或傍水临波，为墨客骚人留题勒石的好去处。可谓逢岩必刻，无石不铭。自宋以来，历朝累积，蔚为大观，虽历经劫难，至今仍保存138题，其中宋刻16题，元刻1题，明刻24题，清刻28题，近现代18题，年代不详51题。这些石刻的内容，有赞美湖山的，有抒发情怀的，有记述游踪的，还有重要记事、科举题名以及官衙文告等。字体则包括真、草、隶、篆、行。其中有一幅六字梵文石刻，或与宗教传播有关。1962年被公布为广东省文物保护单位。

"放大眼光"石刻远景

立翠石刻

光绪残刻

梵文六字石刻

湖山记石刻

净佑塔铭石刻

国恩寺

国恩寺"第一地"牌坊正面

位于云浮市新兴县六祖镇塔脚村旁龙山脚下,为佛教禅宗六祖慧能所建,也是他弘法、圆寂之所。唐弘道元年(683),慧能为报父母之恩始建,故称报恩寺。唐神龙三年(707),唐中宗赐名并亲书"敕赐国恩寺",因位于龙山,又称龙山寺。国恩寺规模庞大,建筑面积约9200平方米,由珠亭、山门、牌坊、天王殿、大雄宝殿、六祖殿、方丈殿、斋房、禅房、地藏堂、诸天佛殿、报恩塔、挹翠亭、思乡亭、镜池等组成。寺坐东朝西,依山而筑,以主体三大殿(天王殿、大雄宝殿、六祖殿)为中轴呈对称布局,以天井中院、月台作间隔,两旁为两廊,顺山势向上递进,气势恢弘,层次清楚。三大殿大柱结构采用梓木圆柱、石柱础,硬山顶,面宽三间,三进深。其中天王殿面宽14米、进深7.7米,大雄宝殿和六祖殿面宽14米、进深12米。寺后山上有相传是唐代六祖禅杖指地挖得的井泉,四时水满不涸。寺后左侧,有相传是慧能所植千年古荔一棵,誉称"佛树"。寺内有花台及百年菩提古树,花木姿态万千,使千年古刹更添古朴之意。国恩寺自古闻名,影响深远。今寺门有明代高僧心如的撰联:"百城烟水无双地,六代风幡自一天"。1989年被公布为广东省文物保护单位。

国恩寺

华林寺

位于广州市荔湾区下九路西来初地。南朝梁普通七年（526）印度名僧达摩从海道来到广州，在此附近登岸，其后建的西来庵是达摩在我国最先传播佛教之地。后人为纪念这位高僧，称其登岸处为"西来初地"，相沿至今。西来庵经历代扩建，清顺治十一年（1654）改称华林寺。寺内僧侣云集，香火鼎盛，为广州五大丛林之一。康熙四十年（1701）增建舍利塔殿。民国时，殿宇廊庑大部分被改建为民居，仅余下五百罗汉堂、库

华林寺罗汉堂外观

房和僧舍。新中国成立后，市政府拨款重修罗汉堂，星岩白石塔(华林寺舍利塔)一度移置解放北路兰圃。"文革"时，五百罗汉像和阿育王塔被毁，现仅存山门、罗汉堂及西侧部分房舍。五百罗汉堂坐北向南，平面呈"田"字形，面宽31米、进深44米，分前后两进，进深方向以三条廊子过道连着前后两进，中开四个通天作采光，使整个罗汉堂明亮开朗。前后屋顶为五脊顶，东西两廊为两坡顶，当中门顶石额刻"五百罗汉堂"楷书大字，署"道光丙午"年款。堂顶施平棋天花，中央施八角形藻井，绘"暗八仙"图案。1997年重塑五百罗汉像。1963年被公布为广州市文物保护单位。

华林寺舍利塔外观

华林寺五百罗汉像

华林寺祖师墓群

位于广州市白云区白云山二龙谷,始建年代不详,坐北向南,现存有明清到民国时期墓葬。调查中确认的华林寺历代祖师高僧的墓塔、墓冢共11座,分布面积约600平方米。除10、11号墓距离其他墓较远以外,其余各墓依山势大致分成三行排列,其中三座墓建有石塔。由于年久失修,大部分墓冢、墓塔和墓碑已残缺不全,只有5号墓保存较为完整。5号墓主体要素尚存,其护岭后左侧还立有后土碑和两块石界桩。此外,在该墓群中还夹杂葬有四处非华林寺法师的墓穴。华林寺是广州佛教五大名刹之一,华林寺祖师墓园历史悠久,对研究华林寺的发展史以及佛教葬俗有着重要的意义。2002年被公布为广州市文物保护单位。

华林寺祖师墓葬群之 M3 鸭屎石塔

华林寺祖师墓葬群之 M1

华林寺祖师墓葬群之 M5

华林寺祖师墓葬群之 M8

海幢寺

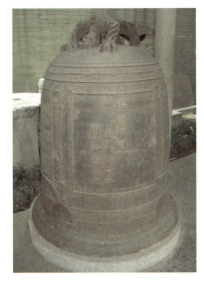

海幢寺铸钟

位于广州市海珠区海幢街道寺前社区南华中路188号。原建筑规模宏大,占地面积约1.5万平方米,以寺貌庄严、殿宇雄伟、高僧辈出而闻名,乃广州市佛教五大丛林之一。始建于明代。清康熙五年(1666)兴建大雄宝殿,次年复建天王殿、韦驮殿和伽蓝殿。以后相继建成丛观堂、大悲阁、藏经阁、塔殿、观音殿。乾隆年间又增建毗卢阁、义鹿亭等。道光三年(1823)、同治五年(1866)先后重修。民国初年开马路,把海幢寺分成两半:路南部分改作南武学校校舍;路北部分1928年辟为河南公园,1933年改名海幢公园。民国时期及"文化大革命"期间,观音殿、韦驮殿、伽蓝殿、天王殿等殿宇被毁,现仅存大雄宝殿和塔殿。大雄宝殿面阔七间29.7米,进深五间20.1米,六柱十九架,穿斗抬梁混合式梁架,绿琉璃瓦,重檐歇山顶,高12.9米。塔殿建于清康熙十八年至三十五年间,平面略呈方形,面阔五间21.9米,进深五间21.77米,共十三架,重檐歇山顶,正脊高12.4米。1993年被公布为广州市文物保护单位。

海幢寺大雄宝殿

五眼古井

位于广州市荔湾区华林街寺前社区下九路西来后街，又名"达摩井"，是古代广州九大名井之一。据清《番禺县志》记载为南北朝时期菩提达摩来中国居留西来初地时带领信众开凿的，因有五个取水口，故称"五眼井"。井台为花岗岩材质，占地约5平方米，5个井口有规律地排列成五星形，井内结构特异，取水口之间有间隔隔开，水量充盈，以往水质极优，现已受污染，不能直接饮用。2002年被公布为广州市文物保护单位。

五眼古井外观

五眼古井外观

濠畔街清真寺

位于广州市越秀区天成路濠畔街387号。明太祖朱元璋平定天下后，1000多名回军进驻广州，筑新城，开挖南城濠。为了方便回族军眷做礼拜，于成化年间（1465—1487）集资兴建了几所清真寺，濠畔寺便是其中之一，并于清乾隆四十五年（1780）重建。现仅存寺门和礼拜殿，总占地面积1491平方米。寺门朝南，石门额上镌刻一行阿拉伯文和"濠畔寺"三个大字。大殿坐西朝东，面阔五间18.8米，进深五间19.6米，共21檩。重檐歇山顶，灰塑龙船脊，碌灰筒瓦，绿琉璃瓦当，滴水剪边，屋面坡度呈曲线下降。副阶周匝，设四架卷棚。鸭屎石八角形檐柱，檐柱施两跳插拱承托挑檐梁头。坤甸木圆形金柱、老檐柱，有柱栿，鸭屎石覆盆式柱础。施月梁。脊桁底部刻"大清康熙肆拾伍年岁次丙戌贰月拾玖"等字。正面设隔扇，斜方格隔心，裙板刻回纹。地铺红色大阶砖，台基铺青石板。两侧山墙各开3个拱券门。濠畔街清真寺的殿堂颇具特色，是保存较完整的清代建筑。1993年被公布为广州市文物保护单位。

濠畔街清真寺寺门

濠畔街清真寺礼拜殿正面

小东营清真寺

位于广州市越秀区越华路小东营1号，始建于明成化四年（1468），先后在清嘉庆二十二年（1817），同治五年（1866）重修。该寺坐西朝东，占地面积536平方米，由正殿、月房、水房、仪门等建筑组成。正殿（亦称礼拜殿）为该寺主体建筑，面阔三间24.2米，进深三间17.1米，占地面积约为413.8平方米，前廊瓦面，大殿屋顶改为钢筋混凝土平面。墀头灰塑梅、兰图案，两根八角形花岗岩前檐柱。次间设木直身连系枋连接山墙，上施驼峰斗拱。门额位置悬一明太祖御制三圣百字赞木匾，清同治六年（1867）重刻此匾，阳刻"教名清真，穆罕默德至贵圣人"。明间大门及两次间大窗均为拱券顶。小东营清真寺反映了明清时期清真寺的建筑风格，具有重要的历史价值。2009年被公布为广州市越秀区文物保护单位。

小东营清真寺仪门

小东营清真寺礼拜殿

聚福古庵

位于汕头市南澳县深澳镇金山横路，建于明万历年间，清雍正年间重修。因庵前数米处有一石臼，臼旁有水格，人称石脚桶，故该庵又名"脚桶庵"，又称"七门楼"。坐北向南，面阔27米，进深36米。几经兴废，1986年重修。辟有门厅、大殿、祖师厅、僧舍等，庵内供奉的汉白玉石雕佛像，是南澳最早的白石佛像之一。1929年深澳人陈会进庵出家，取名释妙理，后成为新加坡著名尼师，法裔甚众，故该庵是当今新加坡一些潮人僧尼之祖堂。1992年被公布为南澳县文物保护单位。

聚福古庵出土瓷器残件

聚福古庵

城西清真寺

城西清真寺大殿

位于肇庆市端州区城西街道康乐中路，龙顶岗东北麓，始建于清乾隆三十二年（1767），1983年重建。寺背靠龙顶岗，坐西向东，阿拉伯式，由礼拜殿、经堂、两廊、浴室、办公室、阿訇宿舍、厨房、停生阁等组成。主体建筑礼拜殿，顶部立洋葱头形的大尖塔，上有新月标志。原为五开间，重檐歇山顶，中式大殿，1983年重建成三开间加回廊，现有的石柱都利用旧有的方形花岗岩石柱。门上悬挂道光年间"主恩常念"木牌匾，殿前存清代古井一眼，殿后存有清代石碑，但字迹已全部模糊。该遗址是反映肇庆回族及伊斯兰教历史的重要文物。1994年被公布为肇庆市文物保护单位。

城西清真寺外景

城东清真寺

城东清真寺内碑记

位于肇庆市端州区城北街道水师营明直街南端。始建于明代，清康熙五十二年（1713）、乾隆五十三年（1788）、道光元年（1821）、道光五年（1825）均有维修扩建。民国及新中国成立后曾作为小学，1993年重建，恢复为清真寺。寺坐北向南，现存礼拜殿坐西向东，钢筋混凝土结构，仿砖木结构，硬山顶，铺绿琉璃瓦，琉璃脊饰，三开间，五进深，前廊三步卷棚顶，花岗岩石条台基，门上悬清道光年间刻"主恩常念"木匾额。殿内金柱承七架梁，山墙外有通廊围合，建筑外墙砌浅蓝色瓷片。殿前北侧围墙上嵌清代石碑两块。该遗址是反映肇庆伊斯兰教传播历史的重要文物。1984年曾被公布为肇庆市文物保护单位，但该寺重建后未予列入。

城东清真寺外景

新地村天主堂遗址

位于台山市川岛镇大洲新地村。明清时期，当地人们为纪念方济各·沙勿略，将其传教的草棚改建成一座欧式风格的花岗岩教堂。教堂本身被大火焚毁，现残存花岗岩房基和一些石柱础、石井阑。教堂的山门和围墙保存较好。经调查，教堂遗址平面近长方形，长62.2米，宽42.8米。天主堂遗址见证了早期中西宗教文化在上川岛的接触和交流。

新地村天主堂遗址

新地村天主堂遗址山门

灵湖古寺

位于台山市广海镇环城象山山麓,坐北向南。南宋乾道元年(1165)僧永从在此筑庵而居,后由其徒彭应玑于南宋开禧三年(1207)改庵为寺,称灵湖寺,宋末毁。元至元二十五年(1288)重建。清同治二年(1863)台山土客械斗,广海城被陷,寺亦被焚毁。光绪十一年(1885)由广海奇石村人彭凤桐倡捐重修。灵湖古寺原为三间两进,现只存一进,青砖墙,硬山顶,辘筒瓦面,绿色琉璃瓦当、滴水剪边。前廊两条石檐柱、设虾弓梁。花岗岩石门夹,两侧刻有对联,门额刻"灵湖古寺"四字。室内供奉有多尊神像。灵湖古寺历史悠久,对研究当地寺庙文化有一定参考价值。

灵湖古寺门口

灵湖古寺

天竺庵碑刻

　　位于雷州市雷城街道关部社区夏江路175号天竺庵院内西墙。天竺庵始建于唐宪宗时期，坐北向南，初为草堂，现为三进一拜亭。庵内现存文物丰富，还有清代吴川状元林召棠手书的"天竺庵"门额、"仙露明珠"牌匾和一批古陶瓷、古经书等。有明清碑刻13通，碑刻内容十分丰富，记载了佛教流源、修建庵堂等历史，这些碑刻是研究古雷州佛教源流史和天竺庵沿革的实物资料。

"仙露明珠"牌匾

天竺庵碑刻

鼎湖山庆云寺

鼎湖山庆云寺大雄宝殿斗拱

位于肇庆市鼎湖区鼎湖山景区中部偏东的山谷中。前身为莲花庵，始建于明崇祯六年（1633），清咸丰十一年（1861）重建。光绪十九年（1893）慈禧六十大寿时敕赐"万寿庆云寺"。该寺坐西南向东北，占地面积约2万平方米，有大小殿房100多间。主体建筑依山势而建，上下共有5层，包括韦驮殿，大雄宝殿、舍利殿、睡佛殿、罗汉堂、千手观音殿等。大部分为砖木结构，硬山顶，琉璃雕塑顶脊；其中大雄宝殿和千手观音殿皆前廊后殿：前者面阔20米，进深12米，四进三间，殿中供奉西方三圣等；后者面阔14.50米，进深12.30米，其梁架、斗拱、柱础仍保留有明清建筑特色，殿中供奉千手观音。此外，庆云寺还保存有舍利子、千人锅、清代铜钟等珍贵文物。该寺历史悠久，建筑精美，香火鼎盛，人文内涵深厚，为岭南四大名刹之一，在国内和东南亚地区享有盛名。

鼎湖山庆云寺大雄宝殿

利玛窦仙花寺遗址

位于肇庆市端州区城东街道塔脚社区，西江北岸。仙花寺是意大利传教士利玛窦进入中国内地后建立的第一所天主教堂，它与崇禧塔并列耸立在风景秀丽的西江河畔。据文献记载，利玛窦设计的教堂样式是一座两层的欧式教堂，于1585年11月24日竣工。肇庆知府王泮按照中国传统习惯，为教堂匾额亲自题词，其中一块题词"西来净土"，另外一块题词"仙花寺"。该教堂当时名扬省内外，大家都争相到中国内地第一座天主教堂来开开眼界，可惜建筑后来未保存下来，2006年肇庆市文物管理委员会在遗址位置树立了一块"利玛窦仙花寺遗址"碑。

仙花寺遗址纪念碑正面

仙花寺遗址纪念碑侧面

肇基堂

位于揭阳市揭西县五经富镇六村，坐北向南，钢筋水泥混合结构，占地面积408.6平方米，由英国基督教传教士创建于清末。堂内有前厅、左厅、右通厅、教学楼、夹屋与左偏间。作为小学一直沿用至新中国成立初期，其后荒废，因年久失修，现仅存教学楼、左厅、右通厅和夹屋。肇基堂是中西文化交流的重要见证，是揭阳农村地区保存不多的基督教建筑。2008年进行了修缮，现作为村民文化活动场所和"农家书屋"。

肇基堂正面

第二节　外国人墓葬

清真先贤古墓

清真先贤古墓墓室

位于广州市越秀区解放北路901号，是著名的伊斯兰教古迹，古称"回回坟"。相传唐开海舶，贞观二年（628）阿拉伯穆罕默德派遣宛葛素（又译苏哈白赛）前来广州，后转泉州、杭州到达长安，翌年，复循原路返抵广州后逝世，葬于此。墓园为庭园式布局，建筑有门楼、敞口厅、礼拜殿等，占地面积约2200平方米。门楼石额上横书"清真先贤古墓"，进门后过了"高风仰止"石牌坊便是墓地。墓室坐北向南，形制上圆下方，宽深约6米，占地面积约为36平方米。地板砌黑白相间的小瓷砖，东西墓壁各有一小窗，墓壁极厚。室内筑成拱顶，作穹窿形，犹如悬钟，在室内诵经或讲话，回声响亮，故又称"响坟"。墓为唐贞观三年（629）所建，墓室正面开一小门，门额上书"宛葛素墓"。门前增建一座拜亭，亭和墓室四周绕以石栏杆。墓园周围广植花木，墓室西、南面还建有拜殿、方亭等房舍，墓园附近为历代知名伊斯兰教徒墓地。清真先贤古墓是广州地区纪念伊斯兰先贤的重要墓葬。2013年被公布为全国重点文物保护单位。

清真先贤古墓门楼

深井外国人公墓

深井外国人公墓墓碑

位于广州市黄埔区长洲街道深井社区竹岗（俗称马鞍山或番鬼山）山腰。公墓坐西朝东。墓地宽30.3米，深20.05米，占地面积607.52平方米，花岗岩石构筑，现存墓26座，有棺状式、立碑式。整个墓地周围翠竹丛生，郁郁葱葱。外国人公墓原有美国驻华首任公使亚历山大·义华业等人的墓237座，后被严重破坏，1998年经修复后仅存26座墓。墓分三排排列，每排落差约1.6米，深约10米。上排有9座墓、中排有10座墓、下排有7座墓，每墓间距在1.3米至2米间，除下排有2座墓是横排外，其余墓均是竖排。在墓地的周边，还竖有4块墓碑。鸦片战争前后，长洲、深井一带，水深港阔，逐渐成为商贾云集、显赫一时的贸易口岸。清康熙二十四年（1685），清政府设立粤海关管理海上对外贸易，黄埔港（黄埔村）对岸的长洲岛和深井岛成为政府指定安葬外国人的墓地。埋葬在这里的外国人，大多为政府官员、经贸人员和船员等。该处墓地为研究清代广州对外贸易与中外经济文化交流提供了重要的实物资料。2002年被公布为广东省文物保护单位。

深井外国人公墓

回教坟场

位于广州市越秀区解放北路901号兰圃公园西侧，其中以清真先贤古墓周围的坟地较为集中。墓地以清真先贤古墓为中心，占地2.4万平方米。墓道两侧分布有上百座明清时期回教徒坟墓，包括四十位坟、回教三忠坟等。坟墓形制大部分为回教传统石棺墓，也有土坟，前竖墓碑。回教坟场是广州地区伊斯兰先贤主要的墓葬区域，是纪念伊斯兰先贤的重要场所。2002年被公布为广州市文物保护单位。

回教坟场保护碑

回教坟场

郑信衣冠墓

位于汕头市澄海区广益街道华富"乌鸦地",占地面积132平方米,坐西南向东北。郑信祖籍澄海华富村,1734年出生于泰国,1767年带领泰国人民和旅泰华侨击退入侵缅军,后建立吞武里王朝。1782年亡故,邑人运其泰、华两套服饰葬于此处。后该墓被毁,1985年重修,为三合土圆形结构,墓碑额刻双龙,上题"暹罗郑皇达信大帝衣冠墓",前为石级三进阶,周围配以混凝土栏杆。该墓葬对研究中泰关系及华侨史有较高价值。1984年被公布为澄海县文物保护单位。

郑信衣冠墓全貌

郑信衣冠墓主体

郑信衣冠墓公园牌坊

方济各·沙勿略墓园

位于台山市川岛镇三洲港西北部的大象山,始建于1552年,后经多次重修和扩大,现占地面积2万平方米。墓园内有方济各·沙勿略墓堂和方济各当年亲手挖掘的一口水井(俗称"圣井")。方济各·沙勿略墓堂,坐东向西,包括门楼和墓堂两部分。门楼是一座高三层带钟楼的哥特式建筑,高17.45米,塔顶为八角尖锥体,上有"十"字架,首层正面刻有"1869"铭文;墓堂为一开间的硬山顶西班牙式木结构建筑,长17.6米,宽8.65米,顶部四周正中置"十"字架构件,尖拱形门窗,门口、檐柱等位置采用花岗石构筑。墓堂内正中是1967年重塑的方济各水泥像,大堂中央有水泥石棺,棺前立有"康熙三十八年方济各·沙勿略"字样的石碑。该墓园为纪念西方来华传教第一人方济各·沙勿略而建,融合了中西方的建筑风格,具有一定建筑艺术价值和历史价值,是见证当地居民宗教信仰生活变迁的珍贵实物。2015年被公布为广东省文物保护单位。

方济各·沙勿略墓堂正面

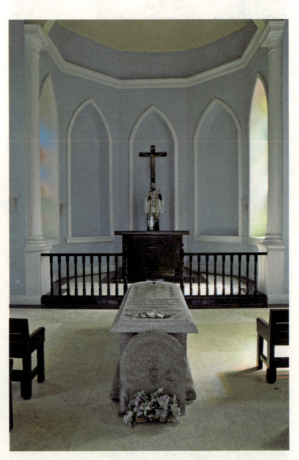

方济各·沙勿略墓园内部

第三节　舶来品出土遗址与墓葬

南越文王墓

位于广州市解放北路的象岗山上。1983年发掘，墓内随葬器物1000多件套，是岭南地区考古发现规模最大、保存最完好、出土文物最丰富的一座大型彩绘石室墓。南越王墓的出土器物突出地体现了中原文化、百越文化和海外文化在此地的交流和融合。南越王墓出土的波斯银盒、原支非洲象牙、红海乳香等是直接来自海外的舶来品，是广州作为海上丝绸之路发祥地的重要、直接的物证。1996年被公布为全国重点文物保护单位。

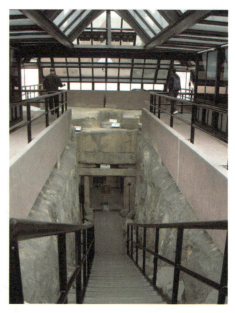

南越文王墓墓道入口

南越王墓出土金花泡

南越文王墓出土波斯银盒

南越文王墓出土乳香

南越文王墓出土船纹铜提筒

南越国宫署遗址

位于广州历史城区中心的中山四路北侧、北京路东侧。1974年在此发掘出秦代造船遗址。1995年以来，又先后发现南越国御苑的大型石构水池、曲流石渠、宫殿等重要遗迹，出土了木简、大量建筑构件和生活用器等重要遗物。在南越国宫殿和御苑遗址之上还叠压着2000多年各个时期的文化层，见证了广州2200余年的城市发展历史。南越国宫署遗址的西汉南越国、唐五代、宋代文化层出土了包含海外文化因素的诸多遗存。南越国宫署遗址是广州作为海上贸易港口城市2200多年发展历程的见证，遗址出土的多个历史时期的具有海外文化因素的遗物，也是海上交通贸易的直接物证。1996年被公布为全国重点文物保护单位。

南越国曲流石渠遗迹

唐玻璃碗

唐外国人头像象牙印章

华丰岭墓葬

位于湛江市徐闻县城北乡大黄村委会华丰岭上，占地面积约为6000平方米。以华丰村为中心，东南濒海，地形西北偏高，东南略低，山岗坡度不大，一直延伸至大海。在村南，汉墓随处可见，多为东汉墓，间有西汉墓。由于水土流失，大部分墓室遭受破坏。经省、市考古队多次发掘，1973年发现汉墓51座，1982年发现39座，多为长方形券顶砖室墓，间有珊瑚石室墓及土坑墓，均南北向。砖室墓最大的长3.6米，宽2.04米；小的长2.2米，宽0.8米。墓砖长0.2米，宽0.15米，红胎，质地疏松，砖面饰米字、方格或菱形等印纹。珊瑚石室墓规格不一，尚见刮削痕的出土器物有五铢钱，夹砂陶釜，方格纹、弦纹、米字纹陶罐，陶纺轮、陶钵、箭镞、刀、凿，铜制剑、盆、碗、镜及装饰品银珠、水晶珠等。具有较高的考古价值。2015年被公布为广东省文物保护单位。

华丰岭墓葬保护碑

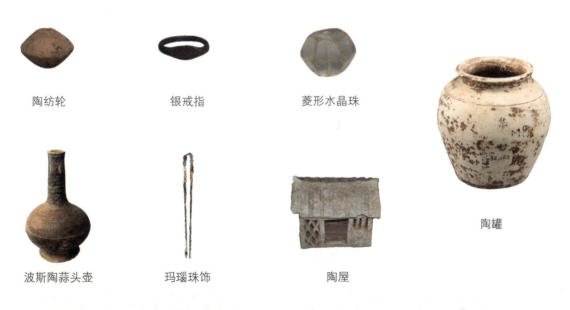

陶纺轮　　银戒指　　菱形水晶珠　　陶罐

波斯陶蒜头壶　　玛瑙珠饰　　陶屋

华丰岭墓葬汉砖

华丰岭墓葬全景图

石墩岭墓葬

位于英德市浛洸镇光南石墩岭村。1960—1983年，在石墩岭、邹屋、包屋、新荷等地发现南朝和隋唐墓群。石墩岭南齐墓为叠涩式顶长方形砖室墓，长1.75米、宽0.64米、高0.42米。出土有"建武四年"纪年墓砖、青釉四耳罐、小碗3件、萨珊朝波斯银币3枚和银质珠饰2颗，获得的这批具有历史研究和考古价值的实物资料为研究英西古浛洭县的政治、经济和贸易提供了重要的物证。1995年公布"石墩岭南齐墓葬群"为英德市文物保护单位。

南齐墓银叉

南齐墓银环

南齐墓银珠

石墩岭墓葬远景

天王山墓葬

位于韶关市曲江区马坝镇南华上丘村背夫山上。面积1万平方米，1972—1982年先后发掘西汉墓1座、南朝墓13座、唐墓2座。出土有铜镜1面，陶油罐、碗、碟等器物一批。1973年发掘南华3号墓，出土了9枚波斯银币。对研究南海丝路及曲江古代历史有较高的价值。

天王山墓葬出土陶器

天王山墓葬全景

天王山墓葬远景

桥头凸岭仔墓葬

位于湛江市徐闻县南山镇二桥和那涧港头大路交叉处,为徐闻地区常见的小薄红砖单室券顶汉墓。墓顶的墓砖为小薄的拱形红砖,无封土。为研究徐闻汉代海上丝绸之路文化提供了实物依据。

桥头凸岭仔墓葬小红薄砖

桥头凸岭仔墓葬全景

田西村珊瑚石室墓

位于湛江市徐闻县西连镇田西村近海不足1公里的缓坡台地。该墓为东汉墓葬，沙壤，坐西向东，为长方形珊瑚石室墓，深度离耕土层约1米，长2.5米，宽1.5米，面积64平方米。珊瑚石切割平整，有0.50米×0.50米、0.4米×0.5米等规格。墓内出土器物主要是铜器和少量陶器，该墓是研究徐闻海上丝绸之路始发港文化的实物资料。

田西村珊瑚石室墓出土文物

田西村珊瑚石室墓珊瑚墓石

田西村珊瑚石室墓原址

英斐村墓葬

　　位于湛江市徐闻县迈陈镇迈市社区英斐村东北。1994年12月，村民在建房挖基时发现。墓坐西南向东北，墓坑平面呈"T"字形，前室长1.5米，宽1.9米，后室长3.48米，宽1.4米，壁高1.1米。砖室构砌是顺砖和丁砖相间，三层顺砖上放一层丁砖，交错向上。砖为红胎质，规格为0.25米×0.13米×0.25米左右。出土器物有铜釜、铜壶、铁剑、陶罐。与徐闻华丰岭、红坎村汉墓年代相近，属东汉。该墓的发现为研究徐闻汉代丧葬习俗以及海上丝绸之路历史提供了可靠证据。

英斐村墓葬出土的汉砖

英斐村墓葬文物

英斐村墓葬遗址

东岗岭墓葬

位于湛江市徐闻县南山镇二桥那涧堰南200米东岚岭上。为东汉墓葬，坐东北向西南，长方形单室券顶。全长6.23米，宽1.7米，占地面积10.6平方米。因挖土致露封门，无封土，封门基本完好，封壁和券顶崩塌，东壁发现一个人为缺口，内铺地砖三层。出土的文物有印纹砖、铜铺首环、五铢钱、陶甬盖、小陶罐、陶灶、陶屋等。该墓葬及其随葬品是研究徐闻汉代海上丝绸之路始发港的重要见证。

东岗岭墓葬出土陶屋

东岗岭墓葬全貌

新地仔墓葬

位于湛江市徐闻县迈陈镇新地仔村（距迈新公路口100米处），建于东汉，坐东向西，为小薄红砖单室券顶墓，占地面积50平方米。墓壁为顺砌，暴露于耕土层，砖为红胎质，长0.2米，宽0.1米，厚0.015～0.02米，火候不高。墓葬未发掘清理，与华丰岭、港头岭等处汉墓形制基本相似，可为研究徐闻海上丝绸之路始发港历史增添新的物证资料。

新地仔墓葬

新地仔墓葬小薄红砖

新地仔墓葬全景图

边湾村波斯银币窖藏

位于湛江市遂溪县遂城镇边湾村。1984年9月29日,村民在平整房屋基地时,发现一个带盖箄纹陶罐,内装有一批波斯银币及金银器(波斯银币属波斯国萨珊朝银币,铸造年代在沙卜尔三世至卑路斯之间,相当于我国南朝阶段)。金银器有金银手镯、金指环、金碗、银碗等。其中波斯萨珊王朝鱼草纹鎏金器和数件波斯国萨珊朝银币经国家文物专家鉴定,被确认为国家一级文物。鱼草纹鎏金器为铜质,内外鎏金,高7.2厘米,腹围27.5厘米,口径8.4厘米,重146.3克,器体呈圆形,深弧腹,敛口,尖底。在它表面通体錾刻花纹,从口沿至底尖分为忍冬纹、鱼、人首鸟身、飞凤、莲瓣纹等五组环绕花带,花带纹饰工艺极其精湛,线条流畅。该窖藏所出土的波斯银币及金银器对研究中外贸易史具有重要的史料价值。

鎏金盅

银碗

银币　　　　　　　　　　　银手镯

第四节 其他

却金亭碑

位于东莞市莞城街道北隅社区光明路与教场街交界处,即原东莞县城的东莞港口与演武场。建于明嘉靖二十一年(1542)。亭碑坐北向南,碑为青石刻制,高1.84米,宽1.02米,占地面积约6平方米。红砂岩方形底座,底座长1.43米,宽0.3米,高0.2米。碑首呈弧形,雕刻着细腻的云海涌日纹,花纹间是古篆体的"却金亭碑记"碑额,正文楷书,21行,满行50字,题高1字。碑体周边饰云纹,碑文记载了明嘉靖年间番禺县尹李恺与暹罗(今泰国)商人文明交往、不受酬金的史实。该碑对研究明代中泰贸易通商和当时的贸易管理体制具有重要的历史价值。2006年被公布为全国重点文物保护单位。

却金亭碑

却金亭碑全貌

龙龛岩摩崖石刻

位于罗定市苹塘镇谈礼村龙龛岩洞室内的石壁上。唐高祖武德四年（621）始，当地县令及其后人先后在石室内辟立道场，建造尊像，并请人撰写道场铭并序。武周圣历二年（699）镌刻于"龛座"中央位置的右（西）壁靠洞顶处，距地表3米，铭文刻于凹凸不平的岩壁上，宽1.13～1.15米，高0.76～0.8米。全文1238字，分41行，每行20～30字不等，楷书，每字约为方寸大小，除二三字剥蚀外，余皆可辨，笔法遒丽，镌刻技艺精湛娴熟。石室内还有明清以来的访碑石刻多题，可辨认的访碑墨书题记100多处。《龙龛道场铭并序》是广东现存年代最早的摩崖石刻，也是岭南最早的有绝对年代的石刻，并且是广东现存文字最多的一块古碑，书法近欧体，带北碑风格又糅合南方行楷帖体韵味。它还是广东绝无仅有的一处唐武周年间刻石，铭序中使用了十五个武则天新创文字。其中一字全国仅见，可以作为武周新字行用的断代依据。此外还大量使用了六朝碑版俗字，历来是文学研究的珍贵史料。2013年被公布为全国重点文物单位。

龙龛岩摩崖石刻全景图

龙龛岩摩崖石刻

春城崆峒岩摩崖石刻

位于阳春市春城街道崆峒马安屯村。崆峒岩又名"四崆峒山",始建于明万历丁丑年(1577)。原洞口向西,清乾隆二十一年(1756)知县姜山主持扩建重修,改洞门向东,形成现在崆峒岩格局和规模,后多次重修。洞内建筑依山势而建,坐向不一,现存古建筑10座,荟萃了殿、阁、亭等建筑形式。崆峒岩风景优美,历代文人骚客纷纷前来探胜并在洞内留题吟咏。现存明代至民国时期摩崖石刻32题,其中明代7题、清代17题、民国6题、年代不详2题。内容有题字、题句、题诗、题铭。年代最早为明万历丁丑年"崆峒岩"石刻,而且其中的"福""寿"二字为阳春地区字体最大的石刻。碑刻12通,其中清代11通,民国1通,内容有描情写景、状物记人等。摩崖石刻、碑刻字体有行书、隶书、楷书、篆书等。题刻者中有清代礼部尚书曹秀先等名人。1989年被公布为广东省文物保护单位。

"岩亭"碑刻

春城崆峒岩山门

通真岩岩画

位于阳春市春湾镇前进大铜石村背通真岩北面崖壁上。估计年代为清或更早，岩画下部被清光绪乙酉年（1885）"歌台暖响"石刻打破。岩画向南，宽0.8米，残高0.5米，墨绘线描佛教初祖达摩"只履西归"的故事。画中达摩祖师额头高广，双目炯然，锡杖倚肩，梵相俱现，正悠然坐于西归途中石上小憩，回眸东顾。"只履"系在锡杖上端长长的飘带上，被刻意细描。人物头部及衣衫涂红彩，线条简括飘逸，禅意盎然。这种以古代摩崖岩画形式出现的达摩像十分罕见，它的发现为阳春地区增添了新的文物种类，具有较高的历史、艺术价值。1989年通真岩被公布为广东省文物保护单位。

通真岩岩画远景

通真岩达摩像

荣睿纪念碑

位于肇庆市鼎湖区鼎湖山景区莲花峰上庆云寺路末端。于1963年为纪念日本入唐留学僧荣睿大师圆寂端州而立。碑的座向为东偏北37°，正对荣睿故乡——日本美浓。碑高1.6米，宽0.95米。正面刻有"日本入唐留学僧荣睿大师纪念碑"，后面刻《荣睿大师赞》四言诗，均为中国佛教协会会长赵朴初所题。荣睿碑亭建于1979，为钢筋混凝土仿古结构，坐西南向东北。歇山顶，面阔三间，面宽5.2米，进深3.6米。面积60平方米。灰瓦，亭顶两端鸱尾对应，亭脊有兽面装饰，飞檐端为龙头。正面檐下有赵朴初题的"荣睿碑亭"匾。荣睿碑亭为仿唐建筑，古朴大方，别具特色。荣睿纪念碑是中日人民友好交往之实物见证。1979年被公布为广东省文物保护单位。

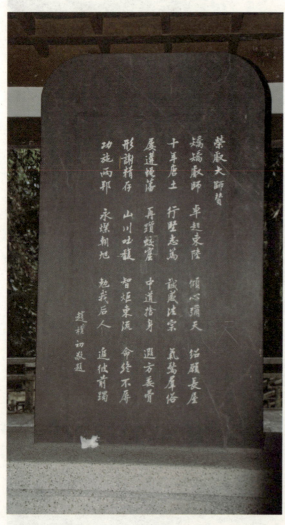

荣睿纪念碑背面

荣睿纪念碑正面

峡山石刻

分布在清远市清城区清远峡北禺，尤其是集中在飞来寺西侧山崖和飞泉洞一带。这里历史悠久，古迹甚多，有明代摩崖石刻作记的就有7处："书岩"，相传为轩辕二帝子的读书台；"奇观"，秦时赵胡于此钓得百斤金鲤贡秦皇；"葛坛"，东晋葛洪在此炼丹济世；"石禅"，梁朝时达摩初祖经此，于石上禅定；"狮子石诗刻"，相传梁朝时一圣僧于此化为巨大的狮子石；还有"秦时五百人避难于此""东坡钓矶"等。这里是南北交通要冲，历史上的名人墨客如唐代的张九龄、韩愈、沈佺期，宋代的苏轼、黄叔敖、陶安世、祖择之，明代的黄佐、湛甘泉，清代的王士祯、翁方纲、朱汝珍等，经此都有留题刻石而存。至今尚存宋、元、明、清至民国石刻41题，碑刻12通，这些石刻有些用笔遒劲，气势雄浑，有些圆润秀丽，凝重工致，为研究峡山文化以及清远地方史提供了珍贵的实物资料。2008年被公布为广东省文物保护单位。

峡山石刻之一

峡山石刻之二

黄坡埠头碑刻

位于吴川市黄坡镇城区黄坡埠头，坐西南向东北。碑刻牌宽4.26米，高3.2米，厚0.6米。碑刻8通，嵌"吴川黄坡埠头伏波历史碑文"牌。碑刻时间为清道光六年（1826）至民国期间，分别有初建伏波庙捐题碑、高州府正堂示、宪牌、钦命二品顶带督理粤海关税务□□□等8通碑刻。碑文内容涉及修庙、海关、税务、筑堤等。该碑刻对研究清道光至民国时期的当地历史有一定价值。

"宪牌"碑正面照

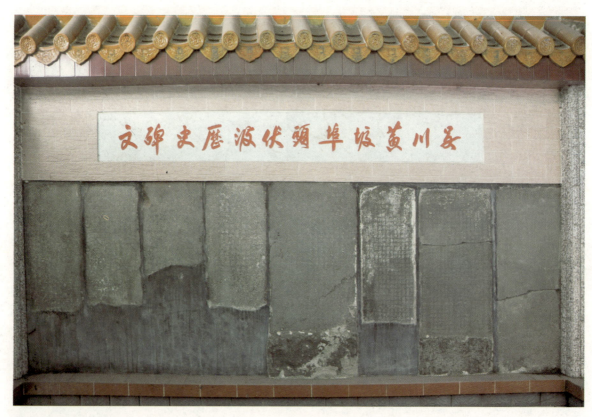

黄坡埠头碑刻正面照

温景泰墓

位于陆丰市南塘镇溪南响溪尾村大盆山。墓葬坐南向北，建于清乾隆三十四年（1769），由三合土夯筑的二级山手、踢靴、明堂、祭台、坟头、护岭、墓碑等构成。通面阔18.4米，通进深18米，占地面积331.2平方米。祭台宽1.6米、高0.5米，石碑宽0.6米、高0.8米，碑文楷书阴刻墓主姓名、建墓时间及立墓人姓名。温景泰（？—1769），陆丰响溪尾村人，少年生性聪颖，青年时代航海到印度尼西亚经商。由于其对外贸易影响较大，他在北京设办事处，得到了清朝政府的大力扶持。先后捐给清朝政府达100万两以上资金，兴办公益事业。乾隆三十八年（1773），也就是他死后第四年，乾隆皇帝敕封他为奉直大夫，赐建大夫第并立墓道碑于响溪尾村内南公路边。该墓对研究清代当地对外贸易及墓葬风俗有一定的价值。

温景泰墓墓道碑正面

温景泰墓全景

陈莲峰墓

位于东莞市虎门镇金洲社区梁屋南面小捷山半山坡上。建于明嘉靖三十六年（1557），清雍正四年丙午（1726）、清道光十六年（1836）和2009年曾重修。坐北向南，抄手墓，由坟头、山手、拜台等组成，宽9.5米，长14米，面积约120平方米。尚存道光十六年重刻的明嘉靖三十六年黄佑撰的墓表："明中宪大夫莲峰公，宜人赵氏、钟氏墓"，以及陈益子廷对、廷封立的墓表。陈志敬，字一之，号莲峰，东莞虎门人。明弘治十七年（1504）举人，历任浔州通判、南宁府同知、按察司佥事等职，后封中宪大夫。明万历十年（1582）北栅人陈益到安南（今越南）经商带回番薯进行试种。成功后，在小捷山祖父陈莲峰墓的右方买地三十五亩进行扩种和推广，成为我国最早种植番薯的地方，在我国农业发展史上有重要意义。1989年被公布为东莞市文物保护单位。

陈莲峰墓表

陈莲峰墓正面

量米岗石棺墓

位于鹤山市龙口镇中七江咀村后量米岗西北侧山坡。从墓葬及石棺形制等推测其为明代遗物。坐东向西，偏南14°，其造型结构在本地很少见——地面覆盖一石棺（棺状石雕）作墓葬的象征，石棺以整块鸭屎石雕凿而成，空心，无底，长1.25米，前大后小，前宽0.55米、高0.5米，后宽0.46米、高0.43米，前端开圆拱形小门，门周浅刻线条构成简洁的莲花花蕾图案，跟象征伊斯兰教的图案相似。石棺之下铺有砖，下面可能是墓室，除此之外，地表不见有其他墓葬构筑物。该墓对研究当地人文历史有一定的价值。

量米岗石棺正面

量米岗石棺墓

罗芳伯宅

位于梅州市梅县石扇镇西南村大岭下,建于清代。坐北向南,合瓦屋面,土木石结构,悬山顶,为合杠屋,总面阔18.3米,总进深14.65米,占地面积约270平方米。罗芳伯(1738—1795),清乾隆三十七年(1772)赴加里曼丹岛(旧称婆罗洲)的西部(即今印度尼西亚),清乾隆四十二年(1777)创建西加里曼丹兰芳大总制共和国,首任大唐总长,立年号兰芳,在位19年,该国是世界近代史上最早建立的民主国家雏形。该故居为研究罗芳伯及梅县客家迁徙史、华侨史提供了实物。

罗芳伯宅正立面

东岭村莫氏宗祠

位于雷州市白沙镇东岭村,始建于明代,为明末清初真腊(今柬埔寨)、安南(今越南)著名华侨领袖莫玖的祖祠。该祠坐北向南,为四进四庭院砖木结构建筑,硬山顶,面阔19.25米,进深69.92米。沿中轴线每进设有左右厢房,四合院式,三进中堂,木楼结构二层建筑,内祀梓童公、观音。四进为四木柱斗拱木梁架结构,左右耳房。规模较大,具有明代建筑风格。祠内保存有明代万历年间的"莫亚崖七十八岁像"石碑,举人柯时复撰的《莫公像赞》,明嘉靖进士、南京礼部尚书王宏诲撰写的对联,以及知雷州府事叶修、海康县知县何复享等撰写的"海康莫氏族祠记"碑刻8通。该祠对研究莫玖家族史及明代建筑提供重要价值的实物资料。2008年被公布为广东省文物保护单位。

莫氏宗祠俯视图

东岭村莫氏宗祠外观

东岭村莫氏宗祠三进中堂

田头陈氏小宗祠

　　位于湛江市南三镇田头村，始建于清代康熙年间，2000年重修。宗祠坐西向东，檩架式砖木结构，占地面积858.48平方米，五间三进，内存有明末清初越南著名的侨领陈上川的题匾。陈上川原籍南三镇田头村，明朝将领，明亡后流亡越南，成为越南开发的有功之臣。宗祠重修时曾捐有部分资金。该宗祠是研究越南侨领陈上川的重要史料。1999年被公布为湛江市文物保护单位。

田头陈氏小宗祠正面

田头陈氏小宗祠托梁木雕

田头陈氏小宗祠中座

第三章 外销品生产基地

第一节 窑址

广州地区

西村窑遗址

位于广州西村增埗河东岸岗地上，为北宋时期窑址，发现于1952年。皇帝岗是西村窑场的主要遗存，堆积高约7米，清理一座龙窑，其残长36.8米，窑身中部最宽处为4米，拱顶已毁。窑的首尾稍收窄，窑床铺沙，坡度为13°。窑前有圆形坎穴，窑首的火门及炉膛部分伸入地表，后段砌筑在废瓷堆上，窑尾已毁。西村窑的产品分粗瓷和精瓷两类，以前者为主，后者属白瓷和影青瓷。瓷器胎色白中显灰，胎质坚致。以青釉素身者最多，次为青釉刻花类，青釉褐彩瓷、印花瓷与酱黑釉瓷也有相当数量，少量为影青瓷，只有个别为低温绿釉。西村窑产品有40余种器类，包括碗、盏、碟、盆、执壶、凤头壶、军持、罐、盒、唾壶、注子、净瓶、灯、熏炉、烛台、枕等日常生活用器和雀食、碾轮、漏斗、埙、狗、马等杂器、玩具。许多器类都有不同的款式，装饰手法多样，有刻划花、印花、彩绘、点彩、镂刻和雕塑等。刻花加褐色彩绘是其特有品种。西村窑烧制的瓷器在南海西沙群岛及菲律宾、印尼等东南亚地区都有出土或传世，是当时岭南地区生产外销瓷器的重要窑场。

仿耀州窑印花碗

彩绘盆

凤首壶

青釉瓜棱瓶

酱釉执壶

莲花瓣青瓷炉

西村窑产品

西村窑各种产品样本

曾边窑址

位于广州市番禺区新造镇曾边村，地铁四号线新造站出口东侧的山岗上。山岗西坡已被农田整改和地铁施工部分破坏，窑址所在山岗现为农田，属于南约村。在地表和梯田断面可采集到大量瓷器残片和窑壁残块。2010年广州市文物考古研究所通过现场勘查和根据烧制瓷器特征判断，窑址兴废年代在唐至五代期间。该遗址对研究番禺古代瓷器生产具有较高的历史价值。

曾边窑址陶瓷残件

曾边窑址全景图

沙边窑遗址

位于广州市番禺区南村镇市头沙边村,是北宋一处规模较大的民窑工场。窑址分布在一片占地约8万平方米的丘陵地带,其范围在珠江的市头水道南岸,东邻番禺油库,西邻市头糖厂,在这个区域内的大顶岗、孖窑岗、陈岗、后底岗、鉴贤岗小山丘,均发现有废瓷、匣钵、窑砖等窑址废弃物堆积。1990年进行发掘,在大顶岗、孖窑岗发现3座龙窑。其中2号窑保存较完整,除烟囱无存外,窑头的引火门、炉膛、窑尾部(稍残缺)尚存,窑全长45.97米(窑床长41.40米),红砖单隔结构,顶部已毁,窑身中宽3.40米,两端较窄,南壁开一窑门,外连一段门墙,窑床底铺细沙。为了便于保护,该窑在发掘工作完成后被整体搬迁至番禺博物馆内保存。从调查和发掘得知,沙边窑生产的瓷器以青釉为主,黑、酱色釉占少数。器形以碗、碟、杯为主,有极少量是青釉绘褐彩的盆,与广州西村窑相类。沙边窑分布面积广,保存窑址多,部分比较完整,出土文物价值较高,是一处历史价值较高的古窑遗址,为研究番禺制瓷历史以及古代海上丝绸之路的兴衰提供了重要的实物证据。2008年被公布为广州市文物保护单位。

沙边窑二号窑窑门

沙边窑二号窑窑床

沙边窑址全景

佛山地区

高灶窑址

位于佛山市禅城区石湾镇高庙路6号。因地处高庙之后，故称"高灶"（本地人称窑为灶），是明代石湾窑炉改革后基本定型的龙窑，与南风古灶为同时期龙窑。历经多次修缮，窑体以砂砖结砌，窑口向南，窑体总长32米，火眼26排。原属石湾制陶行业之"水巷大盘行"的专业陶窑，以烧制大盆类产品为主。高灶窑址是建窑至今仍在使用且沿用传统烧制工艺的柴烧龙窑，对研究明清时期石湾制陶业和龙窑的历史沿革、陶瓷煅烧技术的演变等一系列问题具有十分重要的价值。2001年高灶陶窑与南风古灶一起被公布为全国重点文物保护单位。

高灶窑址窑身外观

高灶窑址外部

南风古灶窑址

位于佛山市禅城区石湾镇高庙路6号。始建于明代正德年间（1506—1521），明清至今多次维修，原属石湾制陶行业之"水巷大盘行"的专业陶窑。陶窑依山势而建，向北伸展，因窑口向南，故名南风灶。为避水患，该窑建于山坡偏高处，窑尾筑石坎；清代时石湾的龙窑，窑面每年维修一次，新中国成立后曾将窑口向上移位。现窑体总长37.8米，窑墙外宽6米，窑内平均宽2.3米，窑面有火眼29排，窑西侧设灶门四个，为产品出入窑用。南风古灶陶窑是中国现存为数不多的，从明代至今仍在使用，且沿用传统烧制工艺的柴烧龙窑，对研究石湾明清时期制陶业和龙窑的历史沿革、陶瓷煅烧技术的演变等一系列问题具有十分重要的科学价值和历史价值。2001年南风古灶与高灶陶窑一起被公布为全国重点文物保护单位。

南风古灶大门

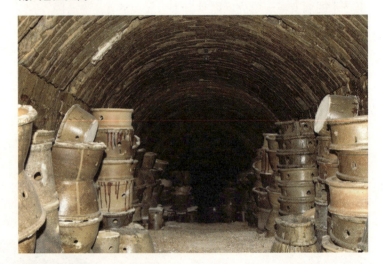

南风古灶窑膛

南风古灶窑头

南风古灶窑身

南风古灶火眼（投柴孔）

奇石窑址

位于佛山市南海区狮山镇新境奇石村、西门村。遗址分布在西门村南北、石头庙、桂林园一带，面积约5000平方米，是南海唐宋时期大规模的陶瓷生产基地。出土有施釉不到底的平底碗、碟、罐、坛等器物残片，宋窑瓷器器形较多，装饰有印花、刻花、彩绘三种，有少量窑变瓷器，有些罐肩部有"政和三年""政和六年""嘉祐□□"等年号。佛山石湾澜石鼓颡岗宋墓出土一件彩绘陶瓶，是奇石窑彩绘瓷的精品。奇石窑址为研究唐宋时期南海陶瓷发展史提供了珍贵的实物资料，具有一定的历史、艺术和科学价值。2006年被公布为佛山市文物保护单位。

奇石窑彩绘瓶

奇石窑址局部

文头岭窑址

位于佛山市南海区里水镇逢涌村文头岭南麓。遗址于1958年探采煤矿时发现,为唐宋时期的窑址,现存面积约2万平方米。地表遍布器物残片,裸露的剖面堆积层厚1~5米。主要烧制彩绘瓷器,兼烧青瓷与酱釉瓷器。彩绘瓷器主要有盆、碗、杯、罐、壶、洗等生活用品,均是釉下彩,有些彩绘后尚未施釉,碗、洗有重叠、垫烧痕迹。还采集到圆柱形窑砖和方块窑砖。遗址反映出当时这里是一处大量生产陶瓷的基地,对研究唐宋时期制陶技术具有一定的历史、艺术和科学价值。2006年被公布为佛山市文物保护单位。

文头岭窑址堆积层之一

文头岭窑址堆积层之二

瑶头窑址

位于佛山市南海区里水镇瑶头窑张村石角。年代为唐宋时期。呈东北—西南走向,沿官窑水道南岸边分布。长80米,宽6米,面积480平方米。地表遍布器物残片,裸露的剖面堆积层厚1米左右。主要烧制酱釉瓷器。器形主要有盆、碗、杯、罐、壶、洗等生活用品,碗、洗有重叠、垫烧痕迹;剖面可见圆柱形窑砖和方块窑砖。遗址反映出当时这里是一处大量生产陶瓷的基地,对研究南海的陶瓷制造业具有一定的价值。

瑶头窑址堆积层

瑶头窑址陶瓷残片

瑶头窑址窑砖

梅州地区

水车窑址

又名罗屋坑窑址，位于梅州市梅县区水车镇水车村罗屋坑内罗山下田边。属唐中晚期瓷窑遗址，面积约400平方米，为馒头窑。采集有碗、碟、壶等器形的残片。器形、胎质和釉色与瓦坑口窑出土的基本相同。第三次全国文物普查时，经复查和试掘，采集开片青釉瓷片3块，匣钵残件等，残存物暴露面积约3平方米，对研究唐代水车窑系列产品具有较高的价值。水车窑地处粤东北山区的梅江河畔，该地资源丰富，取材方便，水路可直达潮州港，所烧陶瓷产品物美价廉，倍受国外客户主要是东南亚各国客户的欢迎，渐次发展成为广东外销瓷生产的重要基地。

水车窑址现状

水车窑址

瑶上村窑址

位于梅州市梅县南口镇瑶上村寮背岭郭屋,是一处宋代窑址,面积约3000平方米。发现5座龙窑,曾发掘1座,长约24米,出土印花白瓷碟和四耳罐等,其中碟有双凤花草、双鲤跃水、双鹅飞舞等花纹。该窑址为研究粤东地区宋代瓷业分布、区域类型等提供了宝贵的历史资料。

瑶上村窑址现状之一

瑶上村窑址现状之二

余里窑址

位于梅州市大埔县三河镇余里村水口山尾陲。始于元代中晚期,兴盛于明代早中期。余里窑烧造历史悠久,文化堆积深厚,窑业生产旺盛,是广东地区同类窑址中保存较好、规模宏大、遗物丰富的元明时期龙泉系青瓷窑场。采用南方地区流行的龙窑,制瓷技术高超,质量精致,造型典雅,装饰富有艺术特色,产品具有外销性质,在中国陶瓷发展史上有着重要的地位。余里窑址群是广东境内目前最早的龙泉青瓷遗存,见证了广东青釉瓷的发展,对揭示龙泉瓷在广东生产发展的历史、延长海上丝绸之路的线路,研究广东乃至中国古代陶瓷生产历史等方面具有重要意义。2013年被公布为大埔县文物保护单位。

余里窑址作坊发掘现场

余里窑址作坊全景

余里窑址采集的标本

余里窑址出土瓷器

江门地区

官冲窑址

位于江门市新会区古井镇官冲村碗碟山。始于唐中期，盛于晚唐，至宋停烧。1957年和1997年广东省文物考古部门进行了抢救性发掘，在瓦片岩出土了各类瓷器4000余件，在碗碟山揭露窑炉5座。窑炉形态为馒头窑，由窑门、火膛、窑床和烟道组成，烟道为筒状。出土的器物以碗、盘、罐、盆为主，还有杯、壶、器盖、网坠、纺轮、动物模型、砖、瓦及相关窑具等。青瓷最多，其中最有特色的有温壶、提梁壶、鸡首壶等。大部分瓷品胎质坚实，烧成温度不低，模制、轮制并用，多用泥块垫烧法，釉色淡青带黄。在器物肩部和足底部发现较多的刻划符号和文字，其他装饰花纹少见。官冲窑的产品在珠江口外伶仃岛海域、南海西沙群岛以及部分东南亚的国家有发现，说明该窑的部分产品外销，是唐代新会手工业发展和海外贸易开发的宝贵史料。2015年被公布为广东省文物保护单位。

官冲窑址鸡首壶

官冲唐窑部分产品

官冲唐窑

涌头岗窑址

位于鹤山市沙坪街道玉桥村北涌头岗北坡，是唐代烧造日用陶瓷的窑址。山岗低矮，与西江支流龙口河擦边而过，窑址在山岗边近河位置。总面积430平方米。从残存窑灶看，形似馒头，是小型馒头窑，有青瓷碗、罐、盆及陶釜等残件。碗、罐、盆等胎质灰白，施青黄釉，与新会官冲唐窑出土器物的器形、釉色相类似。涌头岗窑址对研究西江下游唐代陶瓷历史及其工艺有一定的价值。

涌头岗窑址出土器物

涌头岗窑址全景

凤冈窑址

位于鹤山市古劳镇古劳圩西北凤冈北坡，为唐代烧造日用陶瓷的窑址，1983年发现。所在的山岗低矮，窑址位于临河的山坡上，是小型馒头窑，现窑灶已毁，尚存局部文化堆积，面积240平方米。产品有陶罐、钵、釜、青瓷碗、碟、盆等。青瓷器胎质灰白，施青黄釉，与新会官冲唐窑出土器物的器型、釉色相类似。凤冈窑址对研究西江下游唐代陶瓷历史及其工艺有一定的价值。

凤冈窑址出土器物　　　　　　　　　　　　　　　凤冈窑址全景图

凤冈窑址文化堆积层

湛江地区

余下村窑址

位于雷州市沈塘镇茂胆余下村前蛮群坡，为唐代民窑。窑址群坐西向东，有5座窑址，近通明河。从地表采集到的陶瓷器有直身深腹圈足碗、环底碟、喇叭高足豆、盘等；窑具有青黄釉饼足、压锤及平底圆筒形匣钵。其生产的瓷器产品，大部分凭借雷州半岛位于中国大陆最南端、面向南海、是海上丝绸之路前沿地段的地理优势输出海外。该窑址为研究广东陶瓷史及海上丝绸之路的历史提供了重要的实物资料。2015年被公布为广东省文物保护单位。

余下古窑址发掘现场

余下窑瓷器碎片

青黄釉冰裂纹深腹碗

余下窑出土产品

余下古窑址保护标志

茂胆窑址

茂胆古窑址文物标志

位于雷州市沈塘镇茂胆村北,始建于唐代,坐西向东,斜坡式龙窑,长11米,堆积丰富。器物有碗盘、碟、豆、罐等。碗实足、直身深腹;盘、碟环底;豆喇叭足,均施青黄釉,开细片;匣钵,平底圆桶形。其生产的瓷器,大部分利用近海和港湾的优势,通过海上丝绸之路销往东南亚、西亚以至非洲。该窑址由于历史悠久,产品丰富,为研究广东陶瓷史及海上丝绸之路的历史提供了重要的实物资料。1992年被公布为海康县文物保护单位。

茂胆古窑址全景

旧洋窑址

位于雷州市客路镇迈坦旧洋村南边，为宋元年间的窑址，该处为子母龙窑并列。长约15米，宽约4米，分布面积120平方米，东西向。主要烧制青瓷或赭彩碗、盘、碟、壶、罐、枕、盏等日用瓷器，现场发现有大量上述瓷器碎片及成品。其生产的瓷器，大部分利用近海和港湾的优势，通过海上丝绸之路销往东南亚、西亚以至非洲。该窑址为研究雷州海上贸易和雷州窑产品制作工艺提供了较重要的实物资料。2015年被公布为广东省文物保护单位。

旧洋窑瓷器碎片之一

旧洋窑瓷器碎片之二

旧洋古窑址保护标志

旧洋窑瓷器碎片之三

公益窑址

公益窑陶瓷片

位于雷州市纪家镇公益圩东侧约100米处，靠南渡河上游土塘河，为宋元年间龙窑。主窑长60米，宽4米。遗物覆盖面积为2400平方米，从地层观察有厚达2米多的文化堆积物，1986年10月广东省考古队在此发掘。该窑主要烧制碗、碟、盏、杯、壶、瓶、钵、炉、罐、枕等，器种丰富，款式多样，以青釉为主，还烧制赭色青釉彩绘瓷罐、瓷枕、钵及点彩碗。亦有彩绘瓷枕，中间绘折枝菊花或题"金玉满堂""积善之家，必有余庆"等，具有雷州窑系器物特色。其生产的瓷器，大部分利用近海和港湾的优势，通过海上丝绸之路销往东南亚、西亚以至非洲。该窑址为研究当地宋元时期陶瓷业发展及海上丝绸之路提供了较有价值的史料。1992年被公布为海康县文物保护单位。

公益窑址全景

双石西村窑址

位于雷州市纪家镇双石西村，为宋元年间龙窑，宽4米，长50米。可从剖面观察到厚1米左右的文化堆积层，属该窑址的废弃物，地面亦发现有零星陶瓷残片。经考证其当时以烧制日用青釉瓷器为主，如褐彩碗、钵、碟、枕、瓶等产品。其生产的瓷器产品，大部分利用近海和港湾的优势，通过海上丝绸之路销往海外。该窑址为研究广东陶瓷史及海上丝绸之路的历史提供了重要的实物资料。

双石西村窑址陶瓷片

双石西村窑址全景

吉斗村窑址

位于雷州市杨家镇宅湾吉斗村东北向约500米处，靠近土塘河支流，为宋元年间所建。窑址坐西北向东南，四座并列有序，均为龙窑，长条形，西高东低，西高约15米，长约200米，宽约60米，面积约3万平方米。原杂树丛生，现已清为空地。遗址文化堆积层厚达3米，现尚可见钵、擂钵、罐等碎片。其生产的瓷器产品，大部分利用近海和港湾的优势，通过海上丝绸之路销往海外。该窑址为研究广东陶瓷史及海上丝绸之路的历史提供了重要的实物资料。2015年被公布为广东省文物保护单位。

吉斗窑瓷枕碎片

吉斗窑发掘现场之一

吉斗窑发掘现场之二

陈高村窑址

位于雷州市杨家镇土塘陈高村南侧约50米，为宋元年间的窑址。原为两处，东西走向，现存一处，另一处已被破坏。该窑为龙窑，长条形，长约80米，宽约30米，分布面积达2400平方米。主要烧制青瓷、赭彩碗、盘、碟、壶、罐、枕、盏等日用瓷器。从地层观察，有厚达1.5米左右的文化堆积层，乃该窑址废弃物，现场发现有大量的青黄釉瓷、赭彩碗等瓷器的碎片及半成品。其生产的瓷器，大部分利用近海和港湾的优势，通过海上丝绸之路销往东南亚、西亚以至非洲。该窑址对研究雷州海上丝绸之路历史和陶瓷史具有较重要的价值。

陈高村窑址陶瓷片

陈高村窑址全景

新仓窑址

新仓窑址的陶瓷片

位于雷州市纪家镇公益新仓村西边,靠近土塘河支流。为宋元年间的龙窑,呈长条形,分布面积2400平方米。主要烧制日用青瓷器,现地面散落大批残瓷。从断层观察,有厚达1米左右的文化堆积层,乃该窑废弃物。烧制主要采用泥块支烧法,叠在匣钵内烧制。其生产的瓷器产品,大部分利用近海和港湾的优势,通过海上丝绸之路销往海外。该窑址为研究广东陶瓷史及海上丝绸之路的历史提供了重要的实物资料。

新仓窑址全景

窑头村窑址

位于廉江市营仔镇营仔窑头村西南1.5千米的犀牛岭，年代为唐至宋。窑址分布于五个低矮山岗上，面积约3000平方米。发现龙窑8座，依山坡砌筑。窑长20~25米，宽1.8~2.1米。从东面地层断面观察，有3~5米左右厚的文化堆积，属窑址的废弃物。烧制产品有碗、碟、杯、罐、盆、壶、瓶、灯托、盏、砚、坛、板瓦、炉、辗轮、辗船、垫环、垫座和网坠等，有不少器物外表模印有菱形云雷纹、编织纹和卍形纹，有施釉不到底的青釉四耳罐和平底碗。该窑址对研究当地唐至宋陶瓷业的发展有一定价值。1991年被公布为湛江市文物保护单位。

窑头村窑址出土器物残片

窑头村窑址远景

龙头沙窑址

位于廉江市车板镇龙头沙村后背岭,年代为唐至宋。分布于山岗的南面,面积约1000平方米,有3米左右厚的文化堆积。窑址地面散布有碗、碟、罐、壶、灯盏及其他陶瓷碎片,属窑址的废弃物。窑品以碗碟为主,胎质较厚,呈灰白色或淡灰色,火候不高,实足与半圈足俱见,施黄色釉。器物内底间有泥块垫烧痕迹,有些仍粘连着垫烧时的泥块,多有四点痕迹及泥块黏附。在窑床中采集到一个黄釉大罐,高42厘米,四耳相对、平底,造型与常见的黄釉冰裂纹唐代陶罐相同。该窑址为研究廉江唐至宋的陶瓷发展史提供了实物资料。

龙头沙窑址产品

龙头沙窑址陶瓷残片

龙头沙窑址全景

船渡窑址

位于廉江市横山镇排岭船渡村，年代为唐至宋。分布于低矮山岗的北面，面积约4000平方米。从地层断面观察，有2米左右厚的文化堆积，属窑址的废弃物。近年村民在窑址上种植荔枝，难以看清窑床情况。烧制产品有青瓷碗、杯、陶盆、煲、壶、罐等，窑具有辗轮、压锤和垫环等。器物大多为素胎，质地坚硬。该窑址对研究当地唐至宋陶瓷业的发展有一定价值。1987年被公布为廉江市文物保护单位。

船渡窑址陶瓷残片

船渡窑址（果园外景）

下山井窑址

位于湛江市遂溪县杨柑镇甘来下山井村北,属雷州窑系。是一处宋元时期窑址,遗物分布在东西长约150米、南北宽约30米的海岸线崩坎上,分布面积约4500平方米。由于崩坎及20世纪70年代水产站建房对窑址群中部造成较大毁坏,窑口的具体位置、数量未确定。1979年,省、市、县三级考古工作者联合对该遗址进行了调查。窑址文化堆积厚重,器物种类繁多,有碗、碟、杯、茶盏、灯、罐、钵、壶、瓶、枕、砚台、网坠、香炉、魂罐等,且一类多式,

下山井窑址远景

此外,还有压锤、匣钵、碾槽、碾轮等制陶工具。该窑址以烧制青釉瓷为主,同时亦使用赭色釉。后期遗物中碟式增多,出现花环口式、折沿式碟,碗的腹壁由弧线变为近斜直,实足增大,还出现荷叶口花瓶,颈部置对称戟耳。纹饰也较早期多,出现堆饰龙纹、赭花彩绘及"金玉满堂"题字等。陶具上多有铭文,其中一碗模刻"大德九年"(元成宗铁穆耳年号,即1305年)等字。该窑址对研究当地古代陶瓷业的生产发展具有较高的实物史料价值。2015年被公布为广东省文物保护单位。

下山井窑址陶瓷

新埠窑址

新埠窑址陶瓷片

　　位于湛江市遂溪县杨柑镇新埠村北海边，为宋代窑址。窑址分布在坎头村至永安村的海岸线上，东西长约900米，南北宽约30米，分布面积约2.7万平方米，于1977年冬发现。窑址多处文化堆积厚重，器物种类繁多，计有碗、碟、杯、茶盏、灯、罐、钵、壶、瓶、枕、砚台、网坠、香炉、魂罐等，且一类多式。此外，还遗存有压锤、匣钵、碾槽、碾轮等制陶工具。该窑群以烧制青釉瓷器为主，同时亦使用赭色釉。由于未进行发掘清理，具体窑口、形制有待考证。现窑址尚存，局部被毁坏，对研究当地古代陶瓷业的生产发展有较高的历史价值。2015年被公布为广东省文物保护单位。

新埠窑址远景

犀牛地窑址

位于湛江市遂溪县老马涧水村东犀牛地，与大屋村犀牛公窑址隔河相望，故也称"犀牛乸"，为宋元时期窑址。东西长约32米，南北宽约12米，分布面积约384平方米。1985年5月发现时，窑墩长25米，宽10米，遗物有碗、碟、杯、罐、灯等。釉色有青、赭两色。早期实足碗，足稍小，碟平底；后期碗足变大，同时出现圈足碗碟，碗腹较鼓，碟折沿，残件断面整齐，有拼接痕，未见有成品遗存。现窑址四周已垦荒植树及作为墓葬区多年，陶瓷碎片四处散落，保存一般，对研究当地的陶瓷业发展有一定的价值。

犀牛地窑址陶瓷片

犀牛地窑址标本

犀牛地窑址远景

潮州地区

笔架山窑址

位于潮州市桥东笔架山西麓，北起猪头山，南至印山，绵延2000米，现划定保护范围约10万平方米。窑场始创于唐，极盛于宋。窑址鳞次栉比，相传有九十九座之多，故称"百窑村"，为当时我国南方陶瓷生产的重要基地。产品主要有碗、盘、盏、灯、炉、杯、壶、盂、盒、豆、釜、洗等日常用器皿和瓶、人物、玩具等美术瓷。

从1953年起，省、市考古部门先后清理发掘了十一座窑址。其中发掘于1986年的十号窑为典型的斜坡式龙窑。窑体依山势挖斜坡深沟而建，窑墙砌长方形砖，窑底用砖或匣钵砌阶级隔梁，总坡度14°～17°。窑室残长79.5米，宽3米，窑头及火膛已毁，窑壁、窑尾、隔火墙、阶级隔梁均保存较好，其窑身长度为国内罕见。十号窑出土了一批青釉、酱褐色釉陶残件和大量匣钵，其风格与其他笔架山宋窑出土器物基本一致，均属北宋时期。

笔架山窑址外景

笔架山潮州窑出土的洋人、洋狗及军持等瓷器，反映了笔架山瓷器当年运销海外的历史。近几十年来，在香港、海南西沙等地和印尼、菲律宾、巴基斯坦、阿曼、沙特阿拉伯、伊朗、伊拉克、埃及等国家均发现了潮州笔架山窑瓷器。因此，笔架山潮州窑遗址对于研究我国古代海上丝绸之路和中外海上交通贸易史具有极为重要的历史价值。

2001年被公布为全国重点文物保护单位。2013年被列入国家"大遗址保护'十二五'专项规划"项目。

笔架山窑址内景

笔架山窑址窑床及窑壁

钵仔山窑址

位于潮州市潮安县磷溪镇仙田三村钵仔山北坡。据《潮州市文物志》载，该窑始建于宋代。已发现的有三处，皆为龙窑，用红砖砌壁，窑壁已烧成琉璃状，窑长约30米，宽约2.8米。三处窑址中有一处的火膛、窑门尚可辨认。遗址地表有大量的宋瓷残片和烧制瓷器的工具。该处产品多为日用品。其瓷质、釉色和工艺与潮州笔架山瓷颇为相似，证明该处窑址是与笔架山窑同时期的北宋窑场。该窑址对研究潮州地区的陶瓷制作历史具有一定的历史价值。

钵仔山窑址周边

钵仔山窑址近景

九村窑址

位于潮州市饶平县新丰镇,九村是中联、洞泉、山水、锡坑、三中等村的总称,窑址分布密集,村村有窑。窑址大致座落在群山中的山坡边或山坑里,一般二三十米见方。从暴露出的断面看,有些堆积层厚达4米以上,且能分层次。各窑址烧窑时间长短不等,大体分为四个时期:元至明嘉靖,嘉靖至清初,清代早期至嘉庆道光,清中期至近代。明清时期饶平的"九村窑"青花瓷器在国内驰名遐迩,不仅行销国内,更被众多外国商贩远渡重洋运往南洋、欧洲一带。20世纪90年代,荷兰著名拍卖行曾在阿姆斯特丹拍卖会上拍卖的从17世纪欧洲商船沉船捞获的中国古瓷器即为"九村窑"青花瓷品。九村窑已有600多年的陶瓷生产历史,而青花瓷器烧制也有400余年历史,是潮州古瓷都灿烂文化的重要组成部分,具有较高的历史价值。

九村窑文化堆积层

麻寮窑址

麻寮窑址残墙

位于潮州市饶平县建饶镇麻寮村,属明末清初青花瓷窑址。面积0.5平方千米,四周有残片、窑具堆积,部分断层堆积有2~3米厚,在附近的建饶中学后面还有成批匣钵堆积。麻寮窑址的瓷器,胎骨、器形、色调和花纹跟九村窑第二期的瓷器相同,同属明嘉靖至清初时期,有一定的研究价值。

麻寮窑址堆积层

惠州地区

东平窑址

位于惠州市惠城区东平窑头村,始于北宋年间,是北宋广东三大民间窑场之一。它由三处堆满瓷片的废窑构成品字形的山岗,当地群众习称"窑头山",山高8.4~8.8米,范围600米×700米。东平窑以惠城区东平窑头村为中心,包括有瓷土采挖区、作坊区、晾晒区、堆放区和龙窑一座。遗址北面是东江,南面是西枝江并与东江的汇合处,可通广州,交通便利。

东平窑出土的青黄釉碗

东平窑出土的黄釉炉

1976年,广东省博物馆考古队在此进行窑址清理发掘工作。从窑址中清理了瓷器、窑具等各种样式的标本650多件。瓷器有碗、碟、盏、杯、盅、罐、壶、瓶、炉、器盖、瓷枕、小狗、弹丸、吹雀、小葫芦等;窑具有匣钵、匣钵盖、渣饼、垫环、擂钵、擂杆等;釉色有青白釉、酱黑釉、青釉、酱黄釉、酱褐釉、青褐釉、淡黄釉、白陶衣等九种;纹饰制作手法有印花、刻花、雕塑、镂孔四种,纹饰主要有菊花、牡丹、蕉叶纹、卷草纹、莲瓣纹、蓖梳纹等。东平窑址属长条斜坡阶级窑,估计原长32米左右。此窑建在窑具碎瓷废品堆积层之上,在设计上极为罕见,是研究广东瓷业发展的重要资料。

该窑址生产规模大,烧窑时间长,窑具设备完善,产量高,是宋代沿海规模较大的瓷器生产地。按照当时惠州府人口规模,东平窑的产品数量远远超过其用量,以外销为主,在东南亚的考古中也发现有类似的器型。该窑址为研究广东省北宋时期陶瓷外销史提供了珍贵的实物资料。2015年被公布为广东省文物保护单位。

东平窑出土的青釉瓜棱小壶

东平窑址

东平窑局部

白马窑址

位于惠州市惠东县白盆珠镇白马田心村，主要分布在白马河两岸的匣斗墩、茶头崇、下坑、伯公岚、江板、枫树头、窑下、岭排、下寨等小山包上，周边地貌以低山丘陵为主。上述地点可见大量窑砖、窑渣、匣钵及各类瓷片等。1955年和1960年，广东省文管会对白马窑址进行了勘探与调查，初步判断其年代为明代或更早一些。后广东省文物考古研究所又做了发掘清理的工作，初步摸清了窑址群的分布及其他情况。白马窑址的瓷窑结构多为馒头窑，产品类型较为单一，烧造工艺为仿龙泉窑。

白马窑址出土的仿龙泉窑瓷碗

该窑址为明代粤东沿海规模较大的瓷器生产中心，在明代负有盛名。在海南发现有同样的瓷器，同时在东南亚、西亚也有发现，可推断其产品以外销为主。另据国外考古材料所知，在阿曼索哈地区曾经出土过明代白马窑的瓷器，因此，该窑址是研究广东地区陶瓷史和明朝时期广东瓷器外销史较为重要的实物资料。2015年被公布为广东省文物保护单位。

仿龙泉窑瓷碗正面

仿龙泉窑瓷碗底部

其他地区

都苗窑址

位于肇庆市封开县长岗镇都苗村。1973年发现，主要分布在猪墩，堆积层有的厚达2米以上。器物以碗为主，还有盘、碟、盏、杯、炉、罐、瓶、钵和壶等，皆素面无纹，胎骨灰白色。瓷器釉色以青釉为主，有深有浅，深者青绿，浅者粉青。釉面光滑呈冰裂纹，施釉大多不到底，器外壁下部和足底露胎，露胎处多呈棕色。火候高，采用轮制法，只有壶是手制，圈足用慢轮挖底，足壁较直。都苗窑址是目前在广东省封开县境内发现的较大的古瓷窑址，从目前所采集到的瓷器标本看，器物均为日常用具，其风格与广州西村窑址和潮洲笔架山窑址出土的同类器物很相似，初步确定该窑址的年代为宋代，具有一定的历史、科学价值。

都苗窑址山坡瓷片堆积

都苗窑址的采集标本

均冲窑址

均冲窑址中的陶瓷残片

位于云浮市郁南县都城镇夏袭均冲村渡口边。长约30米，宽22米，遗物堆积面积约700平方米，堆积层厚约1米。属唐、宋年代的窑址，烧制的瓷器有碗、碟、壶、杯、盆、钵、匙等，胎质较白，多为白胎青釉。此处杂草丛生，只发现有杯、碗等陶瓷碎片。该窑址对研究当地的陶瓷发展史有一定的价值。

均冲窑址全景

大山脚窑址

　　位于云浮市郁南县建城镇冲口石狗寨村大山脚。1984年5月发现,窑址遗物堆积层有1000平方米,局部堆积层厚达2米。出土瓷器有碗、杯、壶、匙、盘碟和炉等,多为灰白胎青釉,部分为刻花纹、动物图案的碗、碟、盘、杯,多已残破,其中有两只青釉花纹瓷碗与匣钵合在一起。经有关专家学者鉴定为北宋窑址,对研究当地陶瓷发展历史有重要的意义。

大山脚窑址全景

松岗碗窑遗址

位于东莞市清溪镇松岗村北部,分布范围约3000平方米,分东、西两个区,是清至民国时期烧造日用瓷器的民间窑址。2009年发现,2010年6月至7月广东省文物考古研究所在此进行勘探调查。可见龙窑2座,残留有夯土墙体或墙基的房址6间,灰砂构筑的淘洗池(炼泥池)2处,石块构筑的圆形池1处,废品堆积区1处,作业面1处,水沟1条,以及取土的原生高岭岩矿。遗址中有大量废弃物堆积,采集到大量的青花瓷器、青釉瓷器和褐釉瓷器残件,种类有碗、盘、杯、碟等日用瓷器,以及窑具匣钵、窑垫等烧造用具。

松岗碗窑遗址较完好地保存了从取土、炼泥、制坯到烧制成器等各个生产环节的重要遗迹,是目前珠江三角洲地区发现的工艺流程遗存保存最为完整的窑址之一,为全面系统地研究该窑从掘矿采土到烧造成器的整个工艺流程提供了宝贵的实物资料。它是东南沿海广东以至福建民间青花窑系的一员,在江西景德镇的影响下,在清代或更早的时候烧制青花瓷,供本地及外销市场。

双喜纹青花瓷碗

团鹤纹青花瓷碗

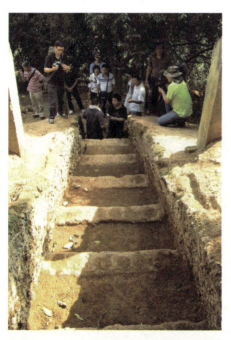

遗址东区1号窑窑床底部匣钵柱印痕

遗址东区1号窑窑床底部

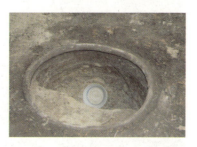

炼泥陶缸中的青花碗

紫金釉瓷杯

寿纹青花瓷碗

瓷碗

第二节 其他

冶铁工场遗址

宝山冶矿遗址

位于河源市紫金县义容镇宝山村。自元代开始开采和冶铁，明代为冶铁、铸锅的发展时期，所产铁锅远销国外，成为广东的有名产品，清代和民国仍继续生产。现存古矿井遍布大小山头，冶铁遗址多处。该遗址对研究紫金冶矿业的发展有一定的价值。

宝山冶矿遗址全貌

簕渣冶铁遗址

位于罗定市船步镇双朗簕渣村黄屋山脚。现存明清冶铁炉两座：一座在山边水溪，有厂场、炉场遗址，占地面积约1200平方米；一座在村口，存有马娘娘社主遗存，占地面积约100平方米，与铁炉村、旧炉督呈三角形，山间开有运输矿石、燃料的梗路，梗路先通到簕渣再通往铁炉村。村内原有小墟、三间小店及米铺。梗路上有运矿人的墓地，现村屋前路下还埋藏有近千斤重的结铁。该遗址对研究当地及岭南产铁状况和炼铁的历史有一定的价值。

簕渣冶铁遗址全景

炉下村铁炉遗址

位于罗定市分界镇金田炉下村。1978年发现，有明清时期建造的土炉一座，筑在山坡坎窝中间，坎窝经过加工，对称整齐。炉的上部已毁，下部被崩土填塞，残炉为椭圆形，现剩宽3.3米，高1.2米。单侧鼓风，属小圆形炉向大型炉的过渡，建炉材料是浑重的大型青灰砖。炉场四周遗落有铁渣、炭末等，该遗址为研究罗定明清时期炼铁业提供了实物依据。

炉下村铁炉遗址冶炼石

炉下村铁炉遗址近景

炉下村铁炉遗址全景

铁场冶铁遗址

位于云浮市云安县南盛镇铁场棕树围村，这里曾为瑶族居住地。明朝末年，当地成姓村民在这里开办炼铁炉。炉占地面积约600平方米，遗址现为农田、柑桔地，于遗址附近可见烧过的铁渣、红砖、火炭等。距遗址10米处的山脚有人工挖的岩，据说是炼铁时看火的位置。该遗址为研究当地明朝冶矿历史提供了实物资料。

铁场冶铁遗址看守岩

铁场冶铁遗址局部

旧炉督冶铁遗址

位于罗定市船步镇山垌旧炉督村。存一冶铁炉遗址，占地面积约500平方米，依山坎修筑，今仅剩前坎。在坎前小溪对岸为冶铁场房遗址。另有一社主，社树为一香樟，已倒。炉址未发现遗物，路上和小溪有铁渣、矿石等。经鉴定为明清冶铁遗址，有一定的历史价值。

旧炉督冶铁遗址全景图

旧炉督冶铁遗址社主

铁炉村冶铁遗址

位于罗定市船步镇聂垌铁炉村。存冶铁炉址两座，在村前一座高50米的山岗北侧，占地面积约500平方米。炉的形状不详，筑炉的红砖块现被用来铺路，俯首可拾，砖厚重而松散。在炉前水田可拾到铁渣。炉前40米处有小溪，炉的左侧山下有三级梯田，是当年炉工的住所，称为"大街"。"大街"占地面积约1000平方米。从"大街"旁跨过水沟，在两株大树下曾有炉主供奉的"社坛"，"社主"为当地冶铁人祭祀的马娘娘，社坛面积约100平方米。该遗址为清初冶铁遗址，对研究岭南明清经济历史和冶铁业盛衰状况有一定的价值。

铁炉村冶铁遗址的铺路红砖

铁炉村冶铁遗址全景

采石工场遗址

过水塘村采石场遗址

位于连州市西岸镇过水塘村西面的一座石山上。据村民口述,西岸村民长期在此开采石材,逐渐形成一个巨大的石场遗址,面积约3万平方米。山上还有数间采石匠居住的用石块砌成的石屋,瓦面是薄石片。村民从山顶开始往下开采,全部采用人工开凿,凿出来后用绳索捆好慢慢往下放,既不损坏石块,又减轻劳动力。石板厚薄不一,在0.4~35厘米之间,厚的可用于修建门楼、门槛、石狮、石龙、石虎、

过水塘村采石场遗址远景

石马、坟墓、牌坊、道路等,薄的可用于雕塑或做成工艺品。该石场开采出来的石板因其色泽接近青色,硬度适中,石纹细腻,当地称为"西岸青",外埠称为"连州青"。因其散热功能好,特别凉快,深得南洋人青睐并被视为珍品,销往日本、加拿大、美国等地。该遗址对研究连州古代采石业有较重要的参考价值。

过水塘村采石场遗址近景

西湖石窟遗址

位于梅州市五华县横陂镇西湖村山岭上,东西走向。五华人从明代开始在此采石。该遗址现有5个洞口,面积约1万平方米。石质为麻石。旧时生产工具比较简陋,麻石质地比较脆,容易风化,只在五华横陂一带才有。五华的石雕工艺品远销全国各地乃至东南亚,是非常著名的"石匠之乡"。由于科技进步,麻石已比较少应用于建筑,在20世纪70年代初已停产。该遗址对研究五华石匠史料有一定的价值。

西湖石窟遗址洞口

西湖石窟遗址全貌

叶湖石窟遗址

位于梅州市五华县横陂镇叶湖村中心岭，东西走向。从明代开始，五华人就开始在叶湖村采石，石窟面积约2万平方米，性质与西湖石窟遗址相同。

叶湖石窟遗址洞口

叶湖石窟遗址全貌

洪塘采石场遗址

位于罗定市金鸡镇洪塘黄其塘村，该村以生产带红色斑纹大理石（又称"帝女红"）而驰名。该采石场自明代开始采石，产品销往世界各地，为云石开采之鼻祖。孙中山故居的太师椅镶嵌的就是这种石料，北京人民大会堂采用的也是这种石料。洪塘采石场有南北两个采石面，面积约有3万平方米，最深处达50米，现已停止开采，引水灌入而成湖。该采石场见证了云浮地区的采石历史，在罗定具有一定的历史价值。

洪塘采石场遗址石料

洪塘采石场遗址全景

制蓝工场遗址

龙湾制蓝工场遗址

龙湾制蓝工场遗址局部

位于罗定市龙湾镇南充村龙湾景区内。遗址在黄桑口有2处，黄沟、山瑶坪、石角、碌笠各1处，海拔385米。此处原为明清时期的沤蓝制靛工场，民国时期仍有19个大篷厂场。遗址留有沤靛池，用灰砂土砌筑，长5.8米，宽1.3米，高0.9米，壁厚0.5米，分为两个方形，分别为4.6米×2.9米、4.6米×3.2米。池内有10个排水孔，孔径3厘米，孔距10厘米。底层为4个45厘米×30厘米，深60厘米的圆形池。在黄桑口上厂，上层有两个小池，分别有长条形入水口和圆形入水口，下层为数个大型沤靛池。厂区内还有厂坪生活区、引水渠、小水池和石砌台阶等遗存。制蓝遗址的发现，填补了广东省山区近代经济发展史的空白，同时为探讨粤西山区经济产业结构的变化提供了更多的实物资料。

龙湾制蓝工场遗址全景

金河制蓝工场遗址

位于罗定市分界镇金河村大坪脚。遗址原为明清时期的沤蓝制靛工场遗址，现存有沤蓝池7个，储水池1个，约3.3米见方，由石灰、砂土砌筑，厂坪约100平方米。据说民国时期仍有制蓝，村中还有炼铁炉，山上产铁矿石。制蓝遗址的发现，填补了广东省山区近代经济发展史的空白，同时为探讨粤西山区经济产业结构的变化提供了更多的实物资料。

金河制蓝工场遗址全貌

豪塘村制蓝工场遗址

位于云浮市云城区云城街道豪塘村。清代中后期，云城区的蓝染业鼎盛。清末民初，随着洋布和洋染料的输入，蓝染业渐渐衰退。豪塘村的制蓝工场现尚遗留有靛池10口，纱园1个，布园1个，染布作坊1座，碾布石1块。靛池均为圆形，毗连成群，总面积约200平方米。小的直径及深度均约1米；大的直径达3米，深约2米。碾布石呈飞鹰展翅状，重200余斤。据当地人口述，蓝染工艺流程为六个步骤：沤蓝、制靛、浸染、漂洗、晾晒、绕纱（或碾布）。

豪塘村制蓝工场遗址局部之一

豪塘村制蓝工场遗址局部之二

新榕蓝染遗址

位于罗定市罗镜镇河口村新榕河口。现存制蓝靛池2个，灰砂夯筑，局部损坏，前侧宽2米，后侧宽1.35米、高1.7米。该遗址为染坊遗址，稍别于制蓝工场，带有商业和手工作坊性质，具有一定的历史价值。

新榕蓝染遗址

新榕蓝染遗址残墙

第四章 海神信仰建筑

南海神庙

又称波罗庙,位于广州市黄埔区穗东街道庙头社区旭日街22号。南海神庙是隋文帝于开皇十四年(594)下诏创建的坛庙,是中国古代海外交通贸易史的重要遗址。所祀南海神,又称祝融。唐玄宗册尊南海神为广利王,宋、元两代屡有加封,合称南海广利洪圣昭顺威显灵孚王。后历朝颁给玉带、冕旒等甚多,并每年派官员代表皇帝举行祭典,留下大批珍贵的碑刻,有"南方碑林"之称。南海神庙坐北朝南,占地近3万平方米。中轴线上石牌坊后主体建筑共五进,由南至北分别是山门、仪门、礼亭、大殿和后殿。庙前为四柱三间冲天式花岗岩石牌坊;山门面阔三间,进深两间,共十三架,硬山顶,人字封火山墙,琉璃博古脊,脊上施二龙争珠、鳌鱼等琉璃饰物,绿琉璃瓦面,木雕封檐板,青砖石脚,大门上木匾书"南海神庙";仪门面阔三间,进深四间,共十五架,瓦顶略如头门,大门开有三门,上挂木门匾,书"圣德咸沾";礼亭面阔三间,进深三间,共十三架,歇山顶,琉璃博古

南海神庙"海不扬波"牌坊

南海神庙山门

海神信仰建筑

南海神庙礼亭

脊，绿琉璃筒瓦；大殿为明代歇山顶建筑，毁于1967年，仅存0.8米高的石台基和部分石柱础，后在原位按原制重建，面阔五间，进深五间，共十五架，高约13米，为绿琉璃歇山顶，琉璃博古脊，上施二龙、鳌鱼等脊饰，木雕封檐板，青砖石脚；后殿面阔五间，进深四间，共十五架，硬山顶，人字封火山墙，琉璃博古脊，脊饰如头门，绿琉璃筒瓦，青砖石脚。南海神庙前堂后寝，有两塾、仪门、复廊及东西廊庑，尚可考见唐代庙宇布局遗制，是研究我国建筑史的宝贵实物。庙内原存有众多石碑，现尚存唐韩愈撰"南海神广利王庙碑"及历代皇帝御祭石碑30余方，另有明代铁钟、玉刻南海神印等文物，是考证海外交通史及历朝史事的珍贵资料。南海神庙是中国古代皇家祭祀海神的场所，是我国四间海神庙中唯一完整保存下来的官方庙宇，也是海上丝绸之路的重要历史见证。2013年被公布为全国重点文物保护单位。

宋开宝碑

淇澳天后宫

淇澳天后宫香亭和后殿

位于珠海市香洲区（高新区）唐家湾镇淇澳社区北面。始建时间不详，清道光十三年（1833）重修。坐西南向东北，呈中轴线对称布局。中路二进两廊夹一天井，天井中设香亭，左右路均是前后厢房夹一天井。面阔三间14.15米，进深20.31米，总建筑面积287.25平方米，占地面积315.97平方米。正殿不设梁架，以砖墙承托檩木。硬山顶，青砖墙，檐高4.5米。正殿供奉天后娘娘，左厢供奉金花夫人，右厢供奉"蔡二将军"。

1833年10月13日，淇澳村民曾聚集在天后宫前还击英美鸦片贩子的骚扰，并取得胜利，以英国鸦片贩子赔偿白银3000两而结束冲突。淇澳村民用这批白银修复了被炮火损坏的天后宫，另外铺筑一条长达1000余米的石板街道"白石街"，以让子孙后代记住这一事件。这是中国人民自发反抗外来侵略者并取得胜利的一场战斗，有重大的现实意义和历史意义。2009年天后宫与白石街、古炮台一起被公布为广东省文物保护单位。

淇澳天后宫正面

超海宫

位于雷州市附城镇夏岚南村东海滩上，始建于明代。坐北向南，呈四进三道门四合院式布局，面阔23.09米，进深27.4米。设有山门、拜亭、正殿、后殿、东西庑、三个天井庭院。宫舍共20余间，为砖、石、木结构古建筑。三面环海，西依南渡河堵海大堤。据清乾隆三十年（1765）《天妃超海宫管业碑》载："明正德年间，经郡守袁、刘二位将近庙海田、海埠、桩门带港五条拨入庙作为香灯。"超海宫山门的大梁刻有"大清同治……重修"年款。该宫虽经多次修葺，山门、拜亭、正殿至今仍然是同治年间建筑风格。山门的木梁架斗拱上有一对"番鬼托梁"木雕，1米多高的风火墙有灰塑牡丹赛孔雀、岁寒三友等图案。木雕工艺精致，浮雕灰塑惟妙惟肖。虽受咸水侵蚀，仍保存原有风韵。2010年被公布为广东省文物保护单位。

超海宫概貌

超海宫番鬼托梁

超海宫风火墙灰塑

夏江天后宫石刻

位于雷州市雷城街道城南社区夏江巷。石刻最早为宋代石狗，碑刻最早为明弘治十年（1497）"施田记"碑。宫内存有明至清代碑刻15通，宋至明代石狗3尊。石刻主要记载了夏江天后宫始建年代及历代重修情况、天后宫民俗传统游江活动、周边驻军情况、宫内的田亩租及香火收入等内容。这些对研究雷州地区天后信仰等民俗文化具有较高的历史价值。2010年被公布为广东省文物保护单位。

夏江天后宫石刻外观

夏江天后宫石狗

"军门祭文"石碑

"施田记"石碑

登楼村天后宫

位于茂名市电白县树仔镇登楼村。宋徽宗初年，由从福建莆田迁来电白后在登楼港定居的林氏族人立灵敬奉。宋徽宗宣和四年（1122），当地官员奉旨新建庙宇，赐"慈顺宫"匾额。清道光二年（1822）重建时改为天后宫。坐北向南，面阔16.7米，进深三进21米。青砖墙石脚，硬山顶，抬梁式梁架结构，灰塑脊饰双龙戏珠，封檐板雕刻人物故事图案。2006年重修时较完整地保留了原有艺术构件、彩绘壁画和木雕，为研究闽人入粤、渔民信仰和建筑艺术提供了宝贵的实物依据。2012年被公布为广东省文物保护单位。

登楼村天后宫全景

登楼村天后宫正面

沙栏吓天后宫

位于深圳市盐田区沙头角街道中英街社区沙栏吓村，始建于清代。2001年，盐田区文物部门对天后宫进行了全面修复，宫内布局和封檐板雕花等基本保持原貌。砖、木、石结构，坐西北朝东南，三开间二进布局，面阔12.5米，进深10.3米，占地面积约128.8平方米。由门厅、正厅及长廊组成。门厅凹有斗形大门，半架梁，硬山顶，博古脊；正厅为木构梁架，硬山顶，博古脊；明间门厅与正厅之间为长廊，两次间为天井，青砖砌墙，内墙用白灰砂抹面。该址对深入了解当地庙宇建筑平面布局和立面结构的演变具有一定的参考价值。1988年被公布为深圳市文物保护单位。

沙栏吓天后宫全景

沙栏吓天后宫神龛

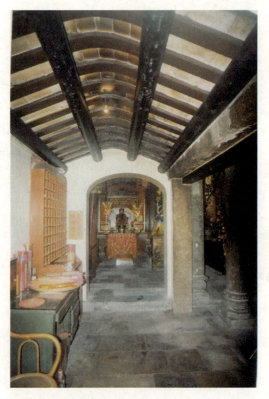

沙栏吓天后宫长廊

上沙天后宫

位于深圳市福田区沙头街道上沙社区上沙村内,始建于明代,后多次维修,现存建筑为清代风格。建筑方向坐北朝南,三间二进一天井布局。面阔10.3米,进深13.8米,建筑面积142.14平方米。主体为砖木结构,四周墙体用青砖砌筑,室内为抬梁式木结构梁架,梁枋上有精美的木雕构件,部分构件用花岗石制作。屋面为辘筒灰瓦屋顶,绿琉璃瓦剪边。博古屋脊,正脊和两侧山墙博风上有灰塑动植物图案,风格秀丽。上沙天后宫小巧玲珑,构图精美,工艺精湛,是深圳市现存最早的传统建筑之一。2001年被公布为福田区文物保护单位。

上沙天后宫天后神像

上沙天后宫正面

上沙天后宫大门

上沙天后宫仪门

赤湾天后庙

坐落于深圳市南山区招商街道赤湾社区天后庙博物馆内。创建年代不详,明清、民国时曾多次重修,规模日隆,成为闽粤沿海最重要的一座天后庙宇,鼎盛时有数十处建筑,120余间房屋,占地60余万平方米,是我国沿海地区最大的拥有99道门的天后宫。凡朝廷使臣出使东南亚各国,经过这里时必定停船进香,以大礼祷神庇佑。现存建筑为1992年5月重修,砖、木、石结构,坐西南朝东北,占地面积约2500平方米,由山门、牌楼、日月池、石桥、钟楼、前殿、正殿、后殿、左右偏殿、厢房、客堂、长廊、角亭、碑亭等组成。该庙为深入了解深圳地区庙宇建筑平面布局和立面结构的演变提供了实物资料。1988年被公布为深圳市文物保护单位。

赤湾天后庙碑记

赤湾天后庙全景

新围天后宫

　　位于汕头市澄海区东里镇樟林村。樟林古港口号称"粤东通洋总汇",为汕头开埠前粤东第一大港。新围天后宫是在樟林港贸易最繁盛的乾隆五十二年至五十七年间(1787—1792),在接近樟林港口入海处的新围地方,以福建泉州的天后宫为蓝本而盖建的。它是当时广东省最大的天后宫,为区别于原来外垄埔的天后宫,称"妈祖新宫"或"新围天后宫"。为了褒奖潮人对外拓展,对内繁荣经济的功绩,当朝重臣刘墉(刘罗锅)特破格为这座海隅神庙题赐"海国安澜"四字巨匾,使得樟林港

新围天后宫全景

天后宫正殿

埠和新围天后宫更为香名远扬。

　　天后宫原有的建筑宏伟壮观，富丽堂皇，绚烂多彩。宫前有一个十分广阔的广场，场中有一大照壁，广场外一个大放生池。宫的主体，前辟五封门，五封门内五进不见天，有大拜亭三座，由两庑廊连接。正厅筑石亭一座，两侧有小亭，厅上有宏伟的大殿。正厅左右有厢房，以搪瓷片构成龙窗、凤窗。后厅为三层楼高的"朝天阁"，这是天后的梳妆楼，也称"望海楼"。楼阁两旁由上到下，各有石阶十八级。全庙共有房三十六间，规模宏大，从前门到后殿的两廊各有房十八间，供奉顺风公、注生娘等十八位妈祖的陪神。后来随着樟林港的没落天后宫也日渐破败。新围天后宫反映了二百多年前潮汕人民勇于向外拓展，发展海运的强烈愿望，也是樟林海运昌盛的历史见证物。1984年被公布为澄海县文物保护单位。

石柱上的捐款题刻

天后宫梳妆楼

正殿梁架

正殿两侧龙纹窗

正殿两侧凤纹窗

天后宫水井

厦岭妈宫

厦岭妈宫正门

位于汕头市金平区光华街道厦岭路40号。始建于明洪武年间，1911年由村民李德钦出资重建，1953年被改作为光华小学校舍，2006年再次重修。坐北朝南，面阔22.3米，进深24米，建筑面积535.2平方米，占地面积约700平方米。采用硬山顶四柱穿斗式梁架结构，由左右火巷、天井、拜亭和正殿构成，建筑内部木雕精美，屋顶镶瓷，是汕头少有的明式建筑遗存之一。宫内保存有一块"厦岭古庙"石牌匾及明正德年间港埠合约、碑记等文物。厦岭很早就是港埠，厦岭妈宫的创建在于祈求妈祖护航佑民，这对研究汕头历史和明代建筑有很大价值。1994年被公布为汕头市文物保护单位。

厦岭妈宫

升平路天后宫

位于汕头市金平区同益街道升平路4~6号。据传始建于清嘉庆年间，光绪五年（1879）重建。坐东朝西，面阔15.6米，进深20.4米，建筑面积328.24平方米。为前后二歇山造型连结一座硬山顶的穿斗抬梁式结构，二进一天井一拜亭格局。正堂竖一对用整石雕刻的盘龙柱，出自福建莆田和晋江石匠之手，剔透玲珑、生动传神，屋顶嵌瓷花鸟人物及双龙夺宝，楹梁木雕，通体金漆，工艺精湛，门斗、石壁及屋顶嵌瓷都具有潮汕精致建筑艺术特色。"文革"期间损毁严重，并被挪作他用，1992年再次大规模修复。它是汕头市从无到有发展历史的见证，是汕头开埠以来现存最早的建筑物之一，对研究汕头开埠史和汕头建筑艺术具有重要的价值和作用。1988年被公布为汕头市文物保护单位。

升平路天后宫内部

升平路天后宫外观全貌

妈屿天后古庙

妈屿天后古庙分老宫、新宫两座，位于汕头市龙湖区珠池街道妈屿社区中部北侧山坡。两座古庙均坐东北向西南，为三进联结建筑。老宫初建于元代，明万历四十八年（1620）、清咸丰十一年（1861）和民国十七年（1928）均有改建扩建，1992年重修。现保留清代建筑风格。面阔17.4米，进深13.4米，建筑面积233平方米，老宫前设有祭坛、戏台和天公拜亭。新宫位于老宫南面山坡下30米处，建于清咸丰八年（1858），1944年受台风袭击坍塌，1992年重修。面宽17.65米、进深14米，建筑面积247平方米。庙东侧有石碑刻4通，其中2通为清代石碑。20世纪90年代之后陆续扩建山门、亭榭、雕塑等构筑物，形成占地约3200平方米的妈祖文化景区。该庙是潮汕地区建成较早的一处妈祖庙，对研究妈祖文化在潮汕的传播有一定的价值。1988年两座天后古庙一并被公布为汕头市文物保护单位。

妈屿天后古庙（老宫）

妈屿天后古庙（老宫）内部

妈屿天后古庙（新宫）外观

下㘵天后宫

　　位于汕头市南澳县后宅镇石路东侧，约建于清初，为勾连搭式硬山顶结构。坐北向南，面阔约8.4米，进深13米，门厅与主殿之间梁载以木雕力士像担顶，更显其独特气派，木雕工艺也较精巧。山门采用石板构筑，有精美石雕多座。1999年被公布为南澳县文物保护单位。

下㘵天后宫力士像

下㘵天后宫弯板花

下㘵天后宫头门石雕

下㘵天后宫

金山天后宫

金山天后宫 头门石刻力士像及石雕

位于汕头市南澳县后宅镇隆澳金山北麓，又称金山古庙，依山而筑，坐北向南。据考证，天后宫创建于清初，为后宅镇创建较早的庙宇。1829年、1949年重修。面阔22米，进深15米。该庙为勾连搭式硬山顶结构，一落二花巷格局。门厅与主殿之间用卷棚连接，门楼双步梁两端用浮雕石力士像承托，外檐雀为镂空凤雕。面阔约25米，进深30余米，庙前方原为海，曾是津渡辐辏之地。特别是起承托作用的力士，其造型为外国人形象，在南澳民间又称"番鬼担架"，此特点对研究清时外国人与南澳人民之间的交往历史有着重要意义。金山古庙几经沧桑，民国二十四年（1935）东面厢房曾被用作平民医院，新中国成立后曾作学校宿舍、文化馆、总工会活动点等，1991年起复为庙祀，1999年被公布南澳县文物保护单位。

金山天后宫

宫前天后宫

位于汕头市南澳县后宅镇宫前村西侧，建于清乾隆前，光绪十七年（1891）绅士黄中流等重修。坐西北向东南，面阔7.4米，进深11.2米，面积88平方米，为勾连搭式硬山结构。其旁有小溪通海并穿入市区番船桥，为古时华工出洋的通道之一。1930年9月25日由中共东江特委领导的南澳渔民武装暴动，渔民领袖蔡盖清及革命先驱蔡盖耀等皆曾以天后宫作为活动场所。1989年汕头市人民政府批准宫前村为革命老区，天后宫因而享有殊荣。2003年9月17日进行重修。2003年被公布南澳县文物保护单位。

宫前天后宫西侧的"喜捐石桥碑记"

宫前天后宫

深澳天后宫

深澳天后宫门楼双龙戏珠石雕

位于汕头市南澳县深澳镇海滨村。明万历四年（1576）副总兵晏继芳建，万历十一年（1583）于嵩重建，后多有重修。坐东北向西南，是一座抬梁式硬山顶结构建筑，三进二天井的格局。面阔11.14米，进深31.8米，占地面积354.25平方米。天后宫有精美石雕多处，头门均用石件构筑，正面石墙中央各有一圆窗，建筑结构别具一格，总体布局完整。内有道光十二年（1832）"天后宫重建碑记"碑、道光十三年"重建天后宫喜捐"碑，另有清咸丰九年（1859）南澳总兵陈应运所立木匾"寰海镜清"。作为与南澳总镇府同年而建的建筑，深澳天后宫是南澳建筑较早而又保护较好的古建筑物，有较高的艺术价值和历史价值。1981年公布为南澳县文物保护单位。

深澳天后宫头门及中座

深澳天后宫全景

深澳天后宫二进龙柱

海神信仰建筑

树岗洪圣庙

　　位于佛山市三水区芦苞镇独树岗村庙前三巷口。始建于明万历四十五年（1617），清嘉庆四年（1799）、同治三年（1864）、2009年重修。该庙坐东北向西南，原广三路，现剩二路，均为三间二进院落式布局，左路为主体建筑，面阔11.50米，进深22.04米。硬山顶，陶塑脊，海棠式镬耳封火山墙，滴水剪边、青砖青水墙。头门前间步梁有浮雕人物故事纹饰，墀头彩绘灰塑，采用花岗岩墙础及门框，石额刻"洪威永镇"，虾弓梁上有石狮柁墩斗拱。头门后间左侧有同治四年（1865）"重修洪圣古庙碑记"碑。花岗岩条石天井，外设花岗岩围栏，前后有出口。后堂为14架瓜柱抬梁式结构，两侧廊檐有彩绘陶塑人物看脊。该庙是芦苞重要的宗庙之一，碑刻记载及历史源流清晰，对研究三水的宗庙历史具有一定的价值。2006年被公布为佛山市文物保护单位。

树岗洪圣庙头门

树岗洪圣庙洪圣殿左梁架

树岗洪圣庙外观

留隍天后圣母宫

位于梅州市丰顺县留隍镇市郊村妈宫渡口，始建于清乾隆五十四年（1789），1987年曾修缮。该宫坐西南向东北，占地面积172平方米。圣母宫临韩江而建，右侧有石级直达韩江，左侧门外是留隍镇墟旧街，正面有近20平方米的坪地，以麻石板铺砌。1987年，乡贤集资重修。该宫是研究清代丰顺县民间祭祀天后神习俗的实物资料。1997年被公布为丰顺县文物保护单位。

留隍天后圣母宫历代修宫碑记

留隍天后圣母宫正面

凤山祖庙

位于汕尾市城区凤山街道凤翔社区凤山东麓,坐东北向西南。始建于清初,清乾隆二十九年(1764)和民国二十三年(1934)重修,1994年扩建为凤山妈祖旅游区。凤山祖庙占地面积2400平方米,建筑面积840平方米,正殿为二进二院布局,面阔3间,风火式山墙,硬山顶,属正三山传统庙宇建筑,门额"凤山祖庙"石匾是乾隆二十九年扩建时题刻。正殿融合丰富多彩的岭南建筑艺术,如嵌瓷、石雕、木雕、泥塑、彩绘等,屋檐门帘、栋梁牌匾、彩绘壁画等无不精雕细琢,匠心独具。庙内还保存有清代石鼓、石柱、公斗、修建妈祖首事碑、祖庙公禁碑等文物。凤山祖庙是当地旅游胜地和妈祖民俗文化活动中心,2004年被公布为汕尾市文物保护单位。

凤山祖庙古戏台

凤山祖庙牌匾之一

凤山祖庙牌匾之二

凤山祖庙全貌

甲子天后宫

甲子天后宫正面

位于陆丰市甲子镇东宫澳仔巷,坐北向南,始建于南宋乾道五年(1169),称"顺济宫"。明、清两代多次修葺,现为清乾隆年间重修的基本布局,1992年按原貌全面重修。该宫为面阔三间四进的平面布局,面阔14米,进深42.8米,建筑占地面积599.2平方米。计有山门、前殿、中殿、拜亭、正殿等琉璃硬山顶建筑,抬梁式与穿斗式混合梁架结构。宫内保留有清代碣石卫总兵黄如山题刻匾额及乾隆年间"奉宪示碑"等文物。该天后宫对研究宋代闽南民俗文化传入,明清时期甲子所的军事建制、海洋运输、捕捞作业、庙宇建筑等文化现象有一定的参考价值。1997年被公布为陆丰市文物保护单位。

甲子天后宫中殿梁架

潮连洪圣殿

位于江门市蓬江区潮连街道富冈村东厢洪圣公园内,原为天后庙,后因奉祀洪圣龙王神像,改名为洪圣殿。圣殿始建于明万历二十八年(1600),历经多次重修。该殿坐西向东,呈二进四合院式布局,面阔11.2米,进深21.8米,前殿和主殿面宽进深均三间,总占地面积250平方米。单檐布瓦硬山顶,龙船脊,绿琉璃剪边,青砖墙,花岗岩脚,四柱穿斗式梁架,殿内饰有木雕、石雕、砖雕等。庙前有两座石狮,花岗岩石质,蹲坐于须弥座上。洪圣殿旁现存清代"重修碑"等碑刻8通,对于研究江门地区民间祠庙建筑形制具有一定的历史研究价值。1998年被公布为江门市文物保护单位。

潮连洪圣殿正门前石狮

潮连洪圣殿正面

白沙村五海庙

白沙村五海庙拜亭

位于雷州市白沙镇白沙村北侧,始建于明代,1985年重修。该庙坐西北向东南,为硬山顶、石柱木梁三进庭院式结构,面宽17.65米,纵深30.36米。分为山门、拜亭、正殿。现庙宇仿清代建筑风格,石柱、檐雕、神阁,工艺精巧。庙内奉祀东西南北中五海诸神。庙存文物有清兵部主事吴应铨手书门额"五海庙"、楹联"数合图书,河马洛龟同献瑞;位隆渎岳,百川万派尽朝宗",乾隆十三年(1748)商宦李清泉捐赠的铁五祀、香炉,光绪三十年(1904)重修碑刻。五海庙对研究雷州对外商贸史有一定的价值。2002年被公布为雷州市文物保护单位。

白沙村五海庙"建五海庙乐捐碑记"

白沙村五海庙外貌

墨亭村青山宫

墨亭村青山宫内题匾

位于雷州市附城镇墨亭村前南渡河墨亭湾畔。始建于明代,清代修葺,现保留着清代建筑风格。该宫坐北向南,面阔29.87米,进深18.65米。设山门、拜亭、正殿、东西庑。合院布局,砖木结构,硬山顶。庙内文物遗存丰富,有清嘉庆二年(1797)"重修庙记"等碑刻9通、嘉庆二十五年(1820)"灵雨既零"等木匾7额。庙前东侧立有明万历年间(1573—1620)"重修雷阳海岸记"石碑,真实地记载了明万历十八年(1590)雷州遭受海潮袭击,堤围决裂,田无遗穗,民不聊生的悲惨情景和兴工筑堤的史实。该碑是目前发现的唯一一通关于修筑海堤的石碑。该宫地处墨亭湾埠头,庙前保存有渔民商贾捐建的两座旗墩,此为雷州古代海上丝绸之路的有力实证。2007年被公布为雷州市文物保护单位。

墨亭村青山宫外貌

宁海天后宫

位于雷州市附城镇土角村东，始建于南宋乾道年间。天后宫坐北向南，分三进，是石柱木梁结构、砖瓦硬山顶建筑，现保留清代建筑风格。面阔26.4米，进深36.2米。该宫是雷州市东洋沿海"五海"系列庙之一。山门石额"宁海天后宫"为清嘉庆署雷州府事宗圣垣所书，二进匾额"胼蠯通诚"为清嘉庆两广总督百龄手迹，三进匾额"震来致福"为清道光遗物。庙内还有清道光庚戌年"寰海镜清"匾

宁海天后宫门额

额，民国二十九年"恩威并济"匾额等6块，清道光十一年（1831）有关禁赌、禁巫等碑刻3通，清嘉庆十六年（1811）铁钟一口。天后宫文物遗存丰富，对研究雷州历史及民俗文化很有价值。2002年被公布为雷州市文物保护单位。

宁海天后宫外貌

龙湖寨天后宫

　　位于潮州市潮安县龙湖镇市尾龙湖寨直街市尾段，始建于明末，乾隆五十五年（1790）重建，20世纪80年代重修，2007年修缮，宫内祀妈祖。天后宫坐东北向西南，二进两廊布局，前座开三山门。面宽10.5米，21.52米，占地面积225平方米。硬山顶，灰瓦屋面，夯土抹灰墙体，彩画、石雕装饰丰富，门匾镌"天后宫"，款为"乾隆五十五年，四社比丘本度立"。该天后宫对研究当地民俗活动和建筑形态有一定的价值，系2006年被公布为潮安县文物保护单位的"龙湖寨"的一部分。

龙湖寨天后宫石鼓

龙湖寨天后宫壁画

龙湖寨天后宫前景

柘北天后宫

位于潮州市饶平县柘林镇柘北村西北侧凤山南麓,建于明代,于清康熙年间、1986年二次重修,现遗存主体为清代建筑。坐东向西,二进二廊格局,门前有石牌坊1座。面宽10米,进深16米,占地总面积约240平方米。硬山顶,灰瓦屋面,夯土抹灰墙,木瓜抬梁构架。前埕正中建造一座四柱三门的石牌坊,柱联分别用正楷、草、隶、行四种字体阳刻。石雕、木雕、彩画和嵌瓷装饰较为丰富。南北侧有水井二口,当地人称为"龙井"和"虎井"。天后宫基本结构保存完好,体现了潮州地区清代坛庙的建筑特点。1988年被公布为饶平县文物保护单位。

柘北天后宫后座

柘北天后宫牌坊

柘北天后宫正面

竹园内天后圣庙

位于揭阳市揭西县棉湖镇竹园内沙坝尾。肇创于明代前后,现建构为清乾隆壬辰年(1772)所建。该庙坐北偏西向南偏东,建筑面积736.12平方米,包括宫埕等的占地面积1376平方米。两进硬山顶灰木结构。石门额书"天后圣母",落款"乾隆壬辰年花月众善信仝立",背面"慈航广济"四字。大门左侧石壁有咸丰、同治年间潮州总兵卓兴的捐题刻字。二进正殿有匾曰:"四海清波",为清乾隆间五华进士邱玖华所撰。正殿祀天后圣母、花公妈和注生娘。庙之左右各附小庙,左庙祀感天大帝,右庙祀文昌爷。该庙为研究棉湖镇明清时期特别是清代的糖业、工商业、交通运输业等的历史发展和民俗文化史等提供了实物依据。1999年被公布为揭西县文物保护单位。

天后圣庙乾隆"天后圣姑"石香炉

天后圣庙正面

莲溪村洪圣古庙

位于广州市南沙区黄阁镇莲溪村麒龙西路89号木材加工厂后。始建于清代，该庙坐西向东，面阔12米，进深23.3米，占地面积279.6平方米。硬山顶，碌灰筒瓦，青砖墙，花岗岩石脚。山门面阔三间12米，进深6.3米，砖墙支承梁架。凹斗门，花岗岩石门夹，石门额阴刻"洪圣古庙"，两边花岗岩石夹阴刻对联：上联"灵钟风岭雄镇西坑"，下联"岁憼鲸波利通南海"。后殿面阔三间12米，进深7米，砖墙支承梁架。该庙是南沙现存规模最大的洪圣古庙，对认识清代南沙的建筑有一定的历史价值。

洪圣古庙后殿屋顶

洪圣古庙现状

洪圣古庙原大门

塘坑天后古庙

位于广州市南沙区南沙街道塘坑村塘坑中街29号。据庙内碑文记载：古庙约始建于元代，清乾隆十二年（1747）、嘉庆三年（1798）有重修。2006年曾修缮。现所见古庙为清代形制，坐西北向东南，三间两进。面阔三间11.60米，深进16.80米，占地面积194.88平方米。硬山顶，灰塑龙船脊，黄色琉璃瓦当，青砖墙，花岗岩石脚。山门面阔三间11.60米，进深6.80米。凹斗门，石

塘坑天后古庙

门额阳刻"天后古庙"。门内左侧山墙上镶嵌清嘉庆三年"重修天后古庙碑记"碑，碑高1.45米，宽0.48米。后殿前有天井带两廊，廊架改用砼柱、横梁。后殿面阔三间11.60米，进深两间7米，共九架。该庙是南沙现有规模最大、成庙时间最早的天后庙，对认识当地的古建筑和天后文化有一定的历史价值。

塘坑天后古庙大门

塘坑天后古庙后殿的蚝壳墙

白沥岛天后古庙遗址

位于珠海市香洲区万山镇万山村北面白沥岛布袋湾内,现仅存一座塌顶的清代单体庙宇。遗址坐东北向西南,占地面积约31平方米,青砖木结构,面阔4.8米,进深5.17米,左墙内侧有门官,后壁并排三个神龛。庙宇门匾和门联均为花岗岩阳文刻字,门匾行书"天后古庙",门联行书"圣迹鼎新重光海岛,神功洋溢永靖风波"。庙宇虽损坏严重,但对于研究当地的民间习俗仍具有一定的历史价值。

白沥岛天后古庙匾额楹联

白沥岛天后古庙神龛

南海圣王庙

位于汕头市金平区鮀莲街道玉中路67号，始建于明代。该庙坐东南朝西北，面阔4.2米，进深10米，建筑面积42平方米。单体建筑，钢筋混凝土结构，外观为硬山顶金式结构，庙堂正面中央有神台一处，供奉南海神，正门上方有石门匾1方，阳刻正书"南海圣王"四字，庙中东北侧立有石碑2通，阴刻花岗岩质：一为"樊侯爱民"碑；一为"澄海县正堂词"碑。除碑额外，碑文皆风化严重，很难辨识。现庙旁立有抗倭碑记和樊侯爱民碑等历史物证。

南海圣王庙碑刻

南海圣王庙正面

周陂天后宫

位于韶关市翁源县周陂镇光明村街心甘屋自然村，始建于清同治年间（1869），1964年、2009年先后捐款重修。古庙坐东南向西北。古庙正面有4根红砂岩石柱，中间2根阴刻一副对联，左右2根雕刻图案出檐，门额上方书写"天后宫"三字。平面为长方形，面阔9.5米，纵深19.5米，面积约185平方米。古庙为二进三开间结构，硬山顶，面铺琉璃瓦，灰砂、砖石砌墙体。庙内共有5对红砂岩石柱，一、二进之间有一天井，四周以红砂岩石条砌结，二进为神龛，后壁中央安置妈祖塑像，两边是观音娘娘瓷像。古庙基本保存原貌，是研究当地清代寺庙建筑特色的实物资料。

周陂天后宫梁架

周陂天后宫二进

周陂天后宫前景

南湖天后宫

位于河源市连平县元善镇南湖，始建于清代，1991年重修。该建筑坐西北向东南，砖瓦结构，面阔31米，进深27米，建筑占地面积339平方米。三间三进，瓦顶硬山式，人字封火山墙。门额嵌有石刻牌匾"天后宫"。门口有两座石狮，狮座正面阴刻楷书"道光丁酉岁"。宫内中殿设有香台和神台，神台设有天后娘神像。南湖天后宫对研究客家人宗教信仰及敬拜天后娘具有一定的价值。

南湖天后宫前景

南湖天后宫神位

径西洪圣大王坛

位于惠州市惠阳区（大亚湾经济技术开发区）霞涌街道晓联径西村，该坛供奉南海神洪圣王。神坛坐西向东，以石头、灰沙砌筑。神坛外围为圈状护栏，中间供奉石牌位，阴刻"洪圣大王爷神位"。每年农历三月十二日洪圣诞及冬至之时，村民皆聚而祀之。该坛突出体现了大亚湾本地族群之洪圣信仰，为当地民俗学研究提供了实物资料。

径西洪圣大王坛石碑

径西洪圣大王坛全景

圣旨妈祖庙

　　位于汕尾市城区新港街道大华管区（沙舌尾）背山面海的小岛上，坐东北向西南，面阔12米，总进深17米，总面积约为200平方米。该庙分正殿、祭殿前后二进，风火山墙，前门为石门。传说乾隆五年春，朝廷命官赖天祥、林景等乘船航行至汕尾海面，黑夜遇大风暴。望见有灯火之处，靠岸避风，天明才知道此地是大华天后庙。官船保得平安，日夜奏本，圣旨令重修天后庙，赖天祥、林景两人并于庙后山石壁上分别题刻"回澜"和"保障"四字，至今人们称此庙为"圣旨妈庙"。该庙对研究清代建筑有一定的价值。

圣旨妈祖庙牌匾

圣旨妈祖庙碑记

圣旨妈祖庙石鼓

圣旨妈祖庙正面

燕窝洪圣宫

位于东莞市石排镇燕窝村旧围,建于清代。该宫坐东向西,三开间三进合院落式布局。面阔10米,进深34.5米,占地面积约340平方米。砖、木、石结构,青砖砌筑墙体,红砂岩勒脚;硬山顶,抬梁与穿斗混合式梁架。首进有塾台,边廊有两块清乾隆五十五年(1790)立的石碑,碑上刻有《重修造建碑记》。该建筑对研究清代东莞地区庙宫建筑及民间神灵信仰等具有一定价值。2004年被公布为东莞市不可移动文物。

燕窝洪圣宫香亭梁架

燕窝洪圣宫正面

乌猪岛都公庙遗址

位于台山市川岛镇高笋村乌猪岛上，建于明代永乐至宣德年间。据说是郑和下西洋时所建，《郑和航海图》上标有这处岛屿。目前该建筑已湮失无存，仅余清代至民国时期的瓦砖碎片。该遗址对研究我国古代航海活动有一定的参考价值。

乌猪岛都公庙遗址局部

乌猪岛都公庙遗址远景

天等天后宫

位于江门市新会区司前镇天等村瓦岗里。始建于明代，清道光十六年（1836）重建，2000年维修，现正常使用。坐东北向西南，一路两进，面阔9.6米，进深20.2米，占地面积为193.9平方米，后殿高8米。硬山顶，人字封火山墙，灰塑龙船脊，碌灰筒瓦，绿瓦当。梁架为混合结构，斗拱承檩。庙内镶有5块古碑，记录当地租税等资料。天后庙保存较好，以石楹联、石雕、木雕装饰，雕刻精美，曾供奉有著名文物"油画木美人"，历史资料丰富，具有一定文物价值。

天等天后宫后殿梁架

天等天后宫正面

南山天妃古庙

位于雷州市附城镇南山村。始建于宋代，清乾隆二十七年（1762）、嘉庆二十五年（1820）重修。坐东向西，三进四合院式布局，砖墙、瓦面、石柱、梁拱结构，山字风火墙，博古脊，硬山顶，较好地保留了清代建筑风格。内祀天妃妈祖。该庙靠近古港口——麻溧港，古商人出海贸易和渔民出海作业前都来拜祭，祈求妈祖庇佑海上航行安全。庙内存有明代"重建麻溧港石桥记"，清嘉庆二十五年"重修碑"等碑刻8通，宋代石狗2尊、石刻八卦1对，清乾隆四十年（1775）铁钟1口，唐至民国时期瓷器、铜器、木器、书籍等文物285件。该古庙对研究妈祖文化和海上丝绸之路有一定价值。

"重建麻溧港石桥记"碑刻

南山天妃古庙风火墙

南山天妃古庙碑刻

南山天妃古庙

麻溧港古闸

华清天后宫

位于揭阳市惠来县岐石镇华清村内，始建于明朝中期。坐北向南，为面阔一间深三进格局，天井建拜亭，两侧留小天井。面阔5.7米，进深10.81米，拜亭梁架结构，卷棚顶；门厅及正殿硬山顶，贝灰构筑。天后宫历经几度维修，仍保存原始建筑风格，对研究明代潮汕宗教建筑及沿海妈祖文化有较高的价值。

华清天后宫牌匾

华清天后宫外观

圣姑古庙

　　位于揭阳市揭西县钱坑镇钱东夏葛园村，建于清初，1999年重修。庙祀天后娘娘。古庙坐北向南，面阔三间19.48米，进深二间14.62米，硬山顶土木结构，建筑面积285平方米。正门匾书"圣姑古庙"，左偏殿门书"禅林慧业"，右偏殿门书"海国慈云"。正殿中为天后圣姑神位，左为注生娘娘。左偏殿供准提娘娘，即通常说的千手观音。圣姑古庙是钱坑地区唯一的天后庙，而且是至少在清初便已存在的古庙，反映了当地在榕江南河海运经济带动下逐渐崛起的时代背景，具有一定的历史文物价值。

圣姑古庙正殿

圣姑古庙正面

附城村天后庙

位于云浮市郁南县建城镇附城村城东,原天后庙建于明万历九年（1581）,清康熙八年（1669）、嘉庆二十一年（1816）等多次重修。20世纪60年代遭损坏,当地村民20世纪末重修。坐西向东,广三路深二进,面宽18.9米,进深27米,建筑面积510平方米。砖瓦木结构,双龙戏珠黄色屋脊,硬山顶,黄色陶瓷瓦面。分前后两座,两侧有通廊,中间有大天井。所拜祭的对象为天后,而对于因何在这远离海边的地方也有天后宫,

附城村天后庙中的天后娘娘

清康熙年间的《重修碑记》中即说道:"神也者,灵之所积而能通者也。凡可以庇人民：利耕稼、蓄鸡犬、滋桑麻、祸盗贼、却崇疫,则所在皆可祀之,讵必拘于海哉！"《旧西宁县志》亦记载天后显圣告以哨兵防敌、帮助佛山商人避过贼人抢劫的故事。

附城村天后庙

第五章 航线遗存

第一节 航标地标

镇海楼

镇海楼脊饰

位于广州市越秀区解放北路越秀山小蟠龙岗上。明洪武十三年（1380），镇守广州的永嘉侯朱亮祖把宋代的东、西、中三城合而为一，并开拓北城800余丈，城墙横跨越秀山，又在城墙最高处建楼1座。当时珠江水面宽阔，登楼远望，碧波荡漾，颇为壮观，故名"望海"，后取雄镇海疆之意，改称镇海楼。明成化年间重修，后毁于火，嘉靖二十六年（1547）完成重建。民国十七年（1928）重修时，把原来楼内的木结构改为钢筋混凝土结构，砖石砌筑的外墙基本上为明代旧物。镇海楼高5层，坐北朝南，俗称"五层楼"。楼平面呈长方形，面阔31米、进深16米，为五层的楼阁式建筑。高28米，歇山顶，红砂岩墙身，绿琉璃瓦，楼身各层有平座腰檐。镇海楼被誉为"岭南第一胜概"，是明清时期广州城的制高点和城防重地。作为一处标志性建筑物和城标，它同时吸引了明清时期来往于珠江上的中外船只的注意，可以说是一座天然航标。2013年被公布为全国重点文物保护单位。

镇海楼外景

莲花塔

位于广州市番禺区石楼镇莲花山北主峰上。塔坐东南向西北，为楼阁式砖塔，平面作八角形，高9层，内为11层，高约50米，用青砖砌筑，占地面积65.12平方米。塔层夹壁，砖砌梯级，绕壁而上可达顶层，每层均设有窗户。此塔雄踞珠江入口处西岸，外来船舶，以此为航标，故有"省会华表"之称。据清乾隆三十九年（1774）版《番禺县志》载："明时有南海监生庞端业、生员郭等冒认税山，招商开采，伤地脉，人文罹厄。明万历四十年，邑举人李惟凤、刘如性、林彦枢、崔知性、梁瑛告官封禁，复建浮屠其上，今呼石砺塔。"鸦片战争及抗日战争时期，受英、日侵略者的炮轰枪击，塔二层、三层、四层、七层的东南面，弹洞累累，加上四百多年的风雨剥蚀，塔顶坍毁，塔墙破裂，但仍然坚固。1981年，旅居港澳的同胞何添、何贤昆仲，捐资修复。修复后的莲花塔保存了原貌，对研究建塔历史和明清广东海禁历史具有较重要的意义。1989年被公布为广东省文物保护单位。

莲花塔

莲花塔入口

莲花塔塔内楼梯内景

莲花塔1992年重修碑

琶洲塔

位于广州市海珠区新港东路琶洲村，于明万历二十五年（1597）奠基，万历二十八年（1600）落成。塔为八角九级楼阁式砖塔，内分17层，高50余米。台基为八角形，每边长5.6米、高1.15米，红砂岩石砌筑，基面以灰色砂岩铺砌，每边立面分别刻八卦图样，基角处有高、宽均为0.5米的西方人形象的托塔力士石像。力士呈跪状，双手或单手举起托塔，刻工古朴，神态生动。首层边长4.95米、壁厚3.97米、直径12.7米，壁门3个，西门筑砖梯上第二层塔心室，塔梯为穿心壁绕平座式，盘旋而登顶层。塔身抹白灰，塔角倚柱抹朱红色，额枋抹朱红色和黑色，额枋上以六叠菱形牙叠涩出檐，出檐深0.85米，腰檐顶四叠菱形牙叠涩出平台。塔顶为八角攒尖顶，顶层各檐悬钟的铁铸雁形角梁已掉落，塔刹已不存。修缮时重铸铁塔刹，塔心柱改为铁柱。现塔内尚"存琶洲塔碑记"碑。塔旁立"琶洲鼎建海鳌塔记"石碑，高1.71米，宽0.87米。琶洲塔历史沿革清晰，与赤岗塔、莲花塔并为广州三塔，均濒临珠江，在古代对南海入珠江的航运起着导航和标志的作用，是广州与外国交流的实物史料。1989年被公布为广东省文物保护单位。

琶洲塔全景

"琶洲鼎建海鳌塔记"石碑

镇风塔

　　位于潮州市饶平县柘林镇柘北村西北面的风吹岭南麓。因坐落于风口，山高风大故取名"镇风塔"。始建于元至正十三年（1353），坐西北向东南，呈七层八角形，石构塔，周围有石栏杆围砌的石廊。塔基围16米，塔高20米，底层塔身厚1.6米，二层厚1.5米。塔身各层用石板铺盖，每层开设圆窗和拱门，塔底层留一空洞，进入塔身内面沿着螺旋形石阶登上各层。塔旁边的天然巨石刻有"岁次癸巳至正十三年二月造"。该塔年代久远，历经沧桑，但基本结构保存完好，是潮汕地区元代古塔的典型代表之一，具有较高的历史、艺术价值。历史上柘林港是海上丝绸之路潮州港的主要口岸之一。镇风塔作为柘林古港的标志性建筑，被誉为柘林港的航标塔，是柘林港作为海上丝绸之路港口的重要佐证。1989年被公布为广东省文物保护单位。

镇风塔内旋梯

镇风塔首层

镇风塔远景

赤岗塔

赤岗塔全景

赤岗塔托塔力士

位于广州市海珠区赤岗街道新鸿社区新港中路艺苑路珠江之滨。明万历四十七年（1619）倡建，塔为八角九级楼阁式砖塔，内分17层，高50余米。台基平面为八角形，每边长5.5米，高1米，红砂岩石砌筑，基面原为灰色砂岩铺砌，东面部分用花岗岩补铺。首层塔门处石阶至基面的台基角均有西方人形象的托塔力士石像，神态生动。塔身北面嵌0.36米×0.27米花岗岩石碑1块，上刻民国年间番禺县政府禁盗塔砖告示。首层直径12.5米，壁厚3.8米，开3门，内有花岗岩石匾，刻"神前拜台"。西门有楼梯上第二层塔心室。塔梯为穿心壁绕平座式，盘旋而登顶层。每级设置神龛，塔身涂刷白色灰浆，转角倚柱抹朱红色，柱头抹朱红色额枋。额枋上以6层菱角牙砖叠涩出檐，第二层以上各出腰檐，各腰檐上以4层菱形牙砖叠涩出平台。塔顶为八角攒尖顶，上盖两铁铸覆盆，一铁覆盆上铸有"加布政使衔在籍即选道番禺潘仕成，即选内部工郎南海伍崇曜重修，大清道光廿四年岁次甲辰季春吉日济和炉造"等字。其上重铸有九霄盘、宝珠耸立塔顶。台基角托塔力士为西方人形象，是广州市海珠区与外国交流的实物史料，其与琶洲塔、莲花塔并为广州三塔，广州三塔均濒临珠江，在古代对南海入珠江的航运起着导航和标志的作用。1989年被公布为广州市文物保护单位。

独石塔

位于阳江市阳东县雅韶镇津浦北津村独石山顶,始建于清乾隆年间,原建石标以作导航之用,石标后损毁。清嘉庆二十二年(1817)重建成石塔,至今保存。独石塔为实心石塔,呈圆锥形,底径5米,塔高11米,占地面积29.11平方米。全塔用石块垒筑,夹灰砂缝,外批石灰砂浆,塔身光滑。北面塔身中部灰塑"独占文明"四个黑字,其下紧挨塔身建有一座小神龛。独石塔既作为航标塔,又是文塔,其建筑结构形式独特。1986年被公布为阳江县文物保护单位。

独石塔全景

独石塔北面

玉华塔

位于揭阳市惠来县神泉镇北门塔盘新村六巷。清乾隆十八年(1753)由知县王玮倡建,为八角七层贝灰夯筑实心塔,葫芦顶,通高26.4米,门高1.98米,宽0.9米,塔门向西北,塔基周长25米,是神泉八景之一,素有"玉笔高标"之称。玉华塔建于神泉港口,为往来神泉港船只的航标。该塔对研究清代建筑及当地乡土风情具有较高的价值。2003年被公布为惠来县文物保护单位。

玉华塔牌匾

玉华塔全貌

龟塔

位于潮州市饶平县柘林镇西澳村柘林海港小门水域中，建于清代。坐北向南，七层八面，花岗岩构筑。塔墩台高1.5米，塔身高12米，基围10.5米，面积约13平方米。各层外边有翘角挑檐，塔顶有葫芦塔刹。一至三层各开一个门，门高1.3米，阔0.4米，可登上塔中至三层为止。因塔周围大小礁石堆叠，其形像海龟，故称"龟塔"。该塔构筑精致，具有一定的历史、艺术价值。柘林港是唐宋至明清时期粤东地区海上丝绸之路重要的对外贸易港口，该塔位于港口外侧，为过往船只的航标塔。

龟塔全貌

龟塔侧面

蛇塔

蛇塔位于潮州市饶平县柘林镇西澳村柘林海港约半公里的海中，建于清代。坐东向西，七层八面，花岗岩构筑。塔基围5米，塔身高5.5米，面积约3平方米。各层有翘角挑檐，下层空腔开有一门，上部各层实腔，不可登。因在大礁石上构筑，其形像海蛇，故称"蛇塔"。该塔构筑精致，具有一定的历史、艺术价值。该塔位于港口之外，为过往船只的航标塔。

蛇塔正面

蛇塔侧面

石笋村航海标志

位于台山市川岛镇石笋村,始立于明代。为花岗石质,高1.8米,下端入土,平面接近三角形。据有关专家判断,该航海标志可能是1514年葡萄牙人首次来华所立。据葡萄牙史料记载,葡萄牙舰队船长乔治第二次来华时不幸去世,葬在葡萄牙人所立航海标志下面。

神泉古庙烟墩遗址

位于揭阳市惠来县神泉镇南华烟墩高山处,唐代倡建,为一高土石墩,是闽、粤、浙商船过往的纪念性航标,也是商人及民众朝拜、登高望远的场所。该遗址见证了神泉港的变迁和发展,有一定的研究价值。

石笋村航海标志全景

神泉古庙烟墩遗址

第二节　水下沉船

南海Ⅰ号

"南海Ⅰ号"是一艘南宋时期的木质古沉船，1987年发现于广东阳江市东平港以南约20海里处，是目前我国发现的最大的宋代船只。2007年12月22日上午，"南海Ⅰ号"整体出水，同月28日，正式移入为其量身定做的广东海上丝绸之路博物馆的"水晶宫"。

"南海Ⅰ号"开创性地采用"整体打捞"的方案，将沉船、文物与周围海水、泥沙按照原状一次性吊浮起运，然后迁移到"水晶宫"。一边发掘一边展示的打捞方式开创了国际水下考古的先河。2009年和2011年，"南海Ⅰ号"进行了两次试发掘，从2013年开始进行全面保护发掘工作。

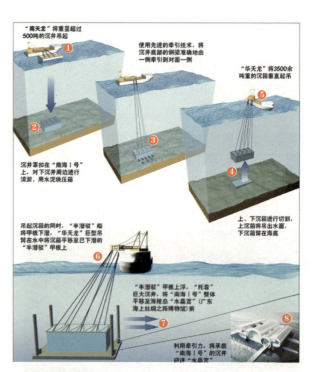

打捞方案图解

发掘现场

航线遗存

宋磁灶窑绿釉印花碟

宋景德镇青白釉婴戏纹碗

宋德化青白釉印花执壶

宋龙泉窑青釉菊瓣纹碟

宋双龙纹葵形带柄铜镜

锡壶

"南海Ⅰ号"沉船出水的瓷器多来自宋代江西景德镇窑、浙江龙泉窑、福建德化窑等窑场，不少瓷器造型精美、制作工艺高超，令世人惊叹，说明宋代手工业生产随着海上丝绸之路发展和海外贸易带动，出现了专门为国际市场需求而生产的外销产品。在广东、浙江、福建等地的产瓷区，出现了来样订制、加工等生产方式，生产与国际市场接轨并产生互动，这些瓷器产地与贸易港口之间形成共同繁荣局面，不同程度改变着与海洋经济相关地域的社会与经济结构。

宋鎏金腰带

初步推算，"南海Ⅰ号"古船是尖头船，整艘商船长30.4米、宽9.8米，船身（不算桅杆）高约4米，排水量可达600吨，载重近800吨。这艘沉没海底近千年的古船船体保存相当完好，船体的木质仍十分坚硬。

这艘沉船的出现对我国古代造船工艺、航海技术研究以及木质文物长久保存的科学规律研究提供了典型标本。同时，它也将为复原海上丝绸之路史、陶瓷史提供极为难得的实物资料，甚至可以获得文献和陆上考古

银锭

无法提供的信息。可以说，"南海Ⅰ号"宋代沉船考古研究是中国水下考古史上的里程碑，在世界水下考古史上占有特殊的重要地位。

南澳 I 号

于2007年在广东省汕头市南澳县云澳镇东南的官屿与乌屿（俗称"三点金"海域）发现。经广东省文物鉴定专家鉴定，确定其年代为明代万历年前后。广东省文物考古研究所于同年5月底在沉船海域探摸，成功将其定位，6月对南澳沉船作了前期水下调查和外围采集，初步了解该沉船的沉态、方向、尺寸、保存状况等信息。

从2010年至2012年，国家文物局水下文化遗产保护中心、广东省文物考古研究所、广东省博物馆等单位联

南澳"三点金"沉船点

合对"南澳 I 号"开展了抢救性水下发掘工作，该项目荣获"国家文物局2010年度全国十大考古新发现"。出水文物2.7万多件，以绘有人物、花卉、动物图案的青花大盘、碗、罐、碟、盆、钵、杯等青花瓷器为主，还出水了釉陶罐、铁锅、木制品、铜板、铜盆、铁器、铜线材、铜锣、铜锁，还有一些铜构件，种类繁多。在沉船中还发现至少4门火炮，以及水核桃、板栗、荔枝、橄榄、大料和不知名的各类果核食品等有机物，甚至清理出尚未完全腐烂的果肉。

"南澳 I 号"是我国目前经过正式考古调查和发掘的明代沉船，其组织、发掘、保护各方面都是我国水下考古学科建设与实践的成功尝试，为中国水下考古树立了一个标志性和规范性水下考古项目，为研究中外文化交流、古代交通史、古代航海史等提供了宝贵的资料，也为明代晚期海上贸易、漳州窑和"汕头器"等领域的研究提供了不可多得的实证、实物资料。也充分显示了位于海上东亚古航线十字路口的南澳海域是中外贸易航线的重要一环，为研究古代海上丝绸之路，特别是潮汕海外交通史和贸易史提供重要数据和依据。

水下文物码放状况

水下绘图

套装青花盖盒

青花仕女纹大盘

核桃

尚未完全腐烂的果肉

南澳Ⅱ号

"南澳Ⅱ号"位于南澳岛云澳镇三点金海域,是继"南澳Ⅰ号"后发现的另一条古代沉船,2015年7月7日至24日,广东省文物局抽调全省水下考古专业人员组成考古队对其开展水下调查与探摸工作。根据初步调查与探摸结果,在"南澳Ⅱ号"300米左右海域的小范围内采集到宋元时期瓷器30多件,其中完整器3件,水下考古队员还摸到了裸露出海床的部分船体,并在附近发现大量散落的船载文物,基本可定性为南宋末年至元代初年的沉船。

南澳三点金海域处于古代的国际航线上,加之独特的地貌环境,极易造成沉船事故,是海上丝绸之路水下文化遗存的富矿区,对研究古代行船的航线具有特殊重要意义。

"南澳Ⅱ号"出水文物之一

"南澳Ⅱ号"出水文物之二

"南澳Ⅱ号"出水文物之三

"南澳Ⅱ号"出水文物之四

"南澳Ⅱ号"出水文物之五

灯楼角沉船点

灯楼角位于湛江市徐闻县，是中国大陆最南端的尖角，也是琼州海峡和北部湾的分水线。沉船点位于湛江市徐闻县角尾乡许家寮村灯楼角分水线至东造船埠头处长约800米的海滩地段，坐北向南，占地面积约625平方米。2001年4月发现，采集到唐代瓷碗（残）8件，高足盏7件。2002年12月采集到瓷碗、瓷盏30余件，均残。经考察，此海区可能有唐代沉船的遗存。该沉船点为探索汉唐海上丝绸之路提供了实物依据。

灯楼角沉船点高足盏

灯楼角沉船点

沙角旋沉船点

位于吴川市吴阳镇沙角旋寮儿村对面海上，离岸约500米处，疑似唐代遗存。据《吴川县文物志》记载，沉船大部分已被沙石覆盖，仅有约2平方米船面露出沙面，退潮时依稀可见。渔民作业时，鱼网常被沉船沿柱钩破。渔民潜水探视，见沉船沿有铜片包裹，并有大量石块，疑系置于原船底部的"食水石"。该沉船未作打捞清理，积沙之下遗存情况不明，但对研究当地古代航运的发展史有一定的价值。

沙角旋沉船点

广澳港沉船

于1995年在汕头市达濠区广澳深水港码头的港池清淤工程中发现。1996年，中国历史博物馆和广东省文物考古研究所等单位对该沉船进行了潜水调查。1997年，省文物考古研究所和中科院南海海洋研究所对该沉船进行了物探遥感调查。

经潜水探摸，在淤泥坑壁上发现了沉船的部分主龙骨和船肋，船肋的肋距宽度超过1.5米，坑底还散落许多船板。出水文物有铜铳2件，铜暖壶1件，铜印2枚，还有部分残碎瓷器。

根据铜铳上"国姓府"铭文可以认定沉船为南明时期活跃于闽粤的民族英雄郑成功所属之物。沉船的调查为研究南明史及郑成功历史提供了宝贵资料，同时也为水下考古提供了新的研究课题。

铜铳之一　　　　　铜铳之二　　　　　铜铳局部

郑方铜印　　　　　铜印印文

铜钱　　　　　锡壶

青澳湾沉船

位于南澳县青澳湾西南约2千米处。1994年渔民潜水捕海胆时发现，2000年9月中国历史博物馆水下考古研究中心与广东省文物考古研究所联合组成"广东水下考古普查工作小组"对其进行水下调查。沉船文物已被盗捞，但还是采集到青花碗、碟、杯等文物。该船为清道光年间沉船。

沉船发现地点

出水瓷器之一

出水瓷器之二

出水瓷器之三

出水瓷器之四

出水瓷器之五

瓷碗底款

前锋古沉船遗址

位于广东省珠海市金湾区（高栏港经济区）平沙镇前锋八队。1976年，前锋八队干部群众在挖鱼塘时，发现3艘古沉船埋没在2米多深的泥滩中。这3艘船并排在一起，船肚仰天，船头向东北。他们将其中一艘挖出来，此船长20多米，柚木质，船板厚4厘米，外裹一层铜皮，钉以铜钉，船内有烧过的痕迹。经中国历史博物馆水下考古研究室对船板进行碳14测年，测出其年代距今约660年，相当于元代末年。余下的两艘古船仍埋没在鱼塘底下。该遗址对华南地区古代造船工艺研究具有一定价值。

前锋古沉船上的部分火炮铁球

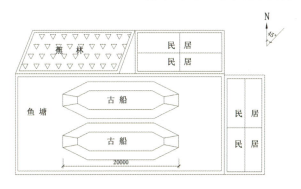

平沙前锋古船遗物点平面示意图

前锋古沉船遗址平面示意图

前锋古沉船遗址

白沙湖沉船

位于汕尾市红海开发区田乾镇,可能是南明郑成功的沉船。1980年,当地渔民在耙壳时打捞出一些陶瓷器和一门铜炮,其中铜炮长约1.3米。

莲头西海湾沉船

位于电白县莲头西海湾对开海域,是当地渔民于20世纪60年代末70年代初在沙滩底发现,该沉船没有使用一枚铁钉,所有的板和方都是用木钉连接。船上的货物只有槟榔,按现在的计算标准,沉船大概有100吨。

公鸡岗沉船

位于潮州市饶平县大埕东北面与福建海面交界处的公鸡岗暗礁。沉船上打捞出银锭和铜钱,铜钱均为宋钱,钱均用瓷罐装起并密封,开罐可见成串铜钱,绳子虽已霉烂,但铜钱仍保存完好。

后记

2014年，广东省文物局委托中山大学开展了全省海上丝绸之路史迹的调查和研究工作。课题组本着标准"宜宽不宜窄"的原则，共调查和认定了广东省海上丝绸之路史迹近600处，并从中挑选了254处汇编成该书。各史迹点条目的图片和文字资料主要来源于广东省第三次全国不可移动文物普查数据库，并由省文物局和课题组按照统一要求进行了修改、补充和订正。各地文物部门提供了当地的海上丝绸之路史迹线索，邓炳权、邱立诚、刘成基等先生对史迹的认定和遴选提供了宝贵意见。在此对参与本书编写和为本书付出辛勤劳动的专家学者和工作人员表示诚挚谢意。

由于目前学界对海上丝绸之路史迹的时间界限和认定标准未形成统一意见，有些史迹点尚需进一步认定和甄别。又因时间仓促和编者学力所限，本书不可避免地存在一些不足和遗漏，祈请方家批评指正。

编者
2015年10月